BIBLIOGRAPHISCHER DIENST STAAT UND RECHT

Herausgeber:
DEUTSCHES INSTITUT FÜR RECHTSWISSENSCHAFT
Potsdam-Babelsberg

Jahrgang 3/1957 — Heft 1
Januar/Februar

AKADEMIE-VERLAG · BERLIN

Bezug des Bibliographischen Dienstes
Erscheinungsweise: zweimonatlich
Preis pro Heft 3,70 DM

Bestellungen sind zu richten an eine Buchhandlung oder an die Post

Auslieferungen:

Für das Gebiet der Deutschen Demokratischen Republik: LKG-Leipziger Kommissions- und Großbuchhandel, Leipzig C 1, Leninstraße 16

Für das Gebiet der Bundesrepublik Deutschland: KUNST UND WISSEN, Inh. Erich Bieber, Stuttgart N, Hospitalstraße 33a

Für das gesamte Ausland: Deutsche Buch-Export und -Import GmbH., Leipzig C 1, Postschließfach 276, oder Akademie-Verlag GmbH., Berlin W 8, Mohrenstraße 39

Anschrift der Redaktion:
Deutsches Institut für Rechtswissenschaft, Abt. Bibliothek, Potsdam-Babelsberg II, Karl-Marx-Straße 2
Bearbeiter: Dr. Renate Bellmann und Jochen Dötsch
Transkription: Bibliothekarisch und phonetisch

Inhaltsverzeichnis:

BERICHTIGUNGSZETTEL

In einem Teil der Auflage des Heftes 6 vom Jahrgang 2, 1956, sind die Seiten 662/663 gegen die Seiten 682/683 vertauscht worden. Wir bitten, diesen Fehler zu entschuldigen.

A. BIBLIOGRAPHIE AUS ZEITSCHRIFTEN DER DEUTSCHEN DEMOKRATISCHEN REPUBLIK, DER SOWJETUNION UND DEN LÄNDERN DER VOLKSDEMOKRATIE

Diese Bibliographie enthält eine Auswahl einschlägiger Artikel aus folgenden Zeitschriften:[1)]

a) Deutschsprachige Zeitschriften

Ahdl.	= Der Außenhandel, Berlin	1956,H.17-21
Arb.	= Die Arbeit, Berlin	1956,H.9-11
Arb R	= Arbeitsrecht, Zeitschrift für Theorie und Praxis, Berlin	1956,H.1-2
Aufb.	= Aufbau (Kulturpolitische Monatsschrift), Berlin	1956,H.9-10
A.u.S.	= Arbeit und Sozialfürsorge, Berlin	1956,H.18-23
Ber.Dt.Wirtsch.Inst.	= Berichte des Deutschen Wirtschaftsinstituts, Berlin	1956,H.15-18
ddz	= Dokumentation der Zeit, Berlin	1956,H.125-130
Dem.Aufb.	= Demokratischer Aufbau, Berlin	1956,H.18-22
DFW	= Deutsche Finanzwirtschaft, Berlin	1956,H.19-22
Dt.Auss.pol.	= Deutsche Außenpolitik, Berlin	1956,H.5
Dt.Ldwi.	= Die Deutsche Landwirtschaft, Berlin ..	1956,H.10-11
Einh.	= Einheit, Berlin	1956,H.9-1o
EuV	= Erfindungs- und Vorschlagswesen, Berlin	1956,H.19-21
Forum,Wiss.Beil.	= Wissenschaftliche Beilage des Forum, Berlin	1956,H.13-14
Gew.Akt.	= Das Gewerkschaftsaktiv, Berlin	1956,H.17;20-22
Grds.Fr.KG	= Grundsätzliche Fragen der Konsumgenossenschaften, Berlin	1956,H.8-9
Hswesen	= Das Hochschulwesen, Berlin	1956,H.10
Mtbl.VDJD	= Mitteilungsblatt der Vereinigung demokratischer Juristen Deutschlands, Berlin	1956,H.4-5
Nat.	= Die Nation, Zeitschrift für Theorie und Praxis Nationaler Politik, Berlin	1956,H.9-1o
NJ	= Neue Justiz, Berlin	1956,H.21-22
N.Weg	= Neuer Weg, Berlin	1956,H.18.2o-21
N.Zeit	= Neue Zeit, Moskau	1956,H.39-45

RID	= Rechtswissenschaftlicher Informationsdienst, Berlin	1956,H.20-22
Schöffe	= Der Schöffe, Berlin	1956,H.9-11
Sov.Wiss.(GB)	= Sowjetwissenschaft,Gesellschaftswiss. Beiträge, Berlin	1956,H.10-11
Stat.Prax.	= Statistische Praxis, Berlin	1956,H.9-11
St R	= Staat und Recht, Berlin	1956,H.7 u. Beiheft 1
Vpol.	= Die Volkspolizei, Berlin	1956,H.18-21
Weltb.	= Die Weltbühne, Berlin	1956,H.37-45
WGBew.	= Die Weltgewerkschaftsbewegung, Berlin .	1956,H.9-10
Wirtsch.Wiss.	= Wirtschaftswissenschaft, Berlin	1956,H.5
Wiss.Ann.	= Wissenschaftliche Annalen, Berlin	1956,H.9-11
WZ Berlin(GR)	= Wissenschaftliche Zeitschrift der Humboldt-Universität Berlin (Ges.u.Sprachwiss.R.)	1955/56,H.1
WZ Halle(GR)	= Wissenschaftliche Zeitschrift der Martin-Luther-Universität Halle (Ges.u. Sprachwiss.R.)	1955/56,H.5-6
WZ Jena(GR)	= Wissenschaftliche Zeitschrift der Friedrich-Schiller-Universität Jena (Ges.u.Sprachwiss.R.)	1955/56,H.4-6
Zs.Gesch.Wiss.	= Zeitschrift für Geschichtswissenschaft, Berlin	1956,H.5-6
Zs.Jug.Heimerz.	= Zeitschrift für Jugendhilfe und Heimerziehung, Berlin	1956,H.9-10

b) Fremdsprachige Zeitschriften

J.N.	= Justitia Nouá (Neue Justiz), Bukarest .	1956,H.4
	Kommunist, Moskau	1956,H.12-15
Mežd.žizn	= Meždunarodnaja žizn (Das internationale Leben), Moskau	1956,H.9-1o
	Nová mysl (Neuer Geist), Prag	1956,H.10
N.P.	= Nowe Prawo (Neues Recht), Warschau	1956,H.9
P.i.P.	= Państwo i Prawo (Staat und Recht), Warschau	1956,H.5-6;8-1o
Pr.obz.	= Právny obzor (Juristische Rundschau), Bratislava	1956,H.7
Pr.	= Právnik (Der Jurist), Prag	1956,H.3-5
Pr.študie	= Právnické štúdie (Juristische Studien), Prag	1956,H.1-3
Soc.pravo	= Socialističeskoe pravo (Sozialistisches Recht), Sofia	1956,H.5
Soc.zák.	= Socialistická zákonnost (Die sozialistische Gesetzlichkeit), Prag	1956,H.3-4;7

Sov.gos.pravo = Sovetskoe gosudarstvo i pravo (Sowjetstaat und Sowjetrecht), Moskau 1956,H.7-8

Vopr.fil. = Voprosy filosofii (Fragen der Philosophie), Moskau 1956,H.4-5

Vopr.ist. = Voprosy istorii (Fragen der Geschichte), Moskau 1956,H.7-9

1) Die hier aufgeführten Hefte sind gemäß der Benutzungsordnung der Bibliothek des Deutschen Instituts für Rechtswissenschaft bedingt ausleihfähig.

1.Marxismus-Leninismus [1]

Glezerman, G.(Gleserman,G.): Die moralisch-politische Einheit der sozialistischen Gesellschaft und das Verschwinden der Grenzen zwischen den Klassen.(Kommunist,1956,H.15, S.28-43)

Kelle,V.Ž.; M.Ja.Koval'zon(Kelle,W.Sh.; M.Ja.Kowalson): Die Kategorien des historischen Materialismus. (Vopr.fil.,1956,H.4, S.18-32)

Langelüddecke,E.: Die Besonderheiten des deutschen Imperialismus. (WZ Halle,1955/56,H.5, S.903-918)

Popov, A.: Die modernen Malthusianer - die Apologeten der Politik "der Stärke" und des Kolonialismus.(Mežd.žizn,1956,H.10,S.56-67) 6

Šiškin, A.F.(Schischkin,A.F.): Einige Fragen der Theorie der kommunistischen Moral. (Vopr.fil.,1956,H.4, S.3-17)

2.Rechtswissenschaft (Aufgaben und Methoden)

Hartwig, H.: Die Aufgaben der Juristischen Fakultät nach dem XX. Parteitage der Kommunistischen Partei der Sowjetunion und der 3. Parteikonferenz der Sozialistischen Einheitspartei Deutschlands. (WZ Halle,1955/56,H.5, S.753-762)

Knapp,V.: Für ein höheres theoretisches Niveau unserer Rechtswissenschaft. (Pr.,1956,H.5, S.385-401)

Köhler, F.: Rechtswissenschaft und Praxis.(Hswesen,1956,H.10, S.452-455)

Diskussion im Ausschuss für Rechtswissenschaften der Polnischen Akademie der Wissenschaften über die Lage in der Rechtswissenschaft. (P.i P.,1956,H.8-9, S.379-385)

1) Die nach der Fundstelle eines Artikels angegebenen Zahlen verweisen auf die Bedeutung dieses Artikels auch für andere Fachgebiete entsprechend der hier zugrundegelegten Systema

Szabó,I.: Über die Pariser Konferenz des Internationalen Verbandes zur Pflege der Rechtswissenschaften. (Mtbl.VDJD,1956,H.4, S.38-39)

3.Staats-und Rechtstheorie

Anatol'ev,G.(Anatoljew,G.): Zur Frage von dem parlamentarischen Weg des Überganges vom Kapitalismus zum Sozialismus.(Mežd.žizn, 1956,H.10, S.68-76)

Auscaler,G.: Über Fragen der sozialistischen Gesetzlichkeit. (P.i P.,1956,H.5-6, S.830-843)

Dembo,L.I.: Über die Prinzipien des Aufbaus des Rechtssystems. (Sov.gos.pravo,1956,H.8, S.88-98)

Ehrlich,S.: Ein Beitrag zur Problematik der Norm und des Rechtsverhältnisses. (P.i P.,1956,H.8-9, S.386-395)

Fojtík, J.: Zur Frage des Klassenkampfes in unserer Gesellschaft. (Nová mysl,1956,H.10, S.1015-1031)

Foustka,R.: Zur Frage des Übergangs vom Kapitalismus zum Sozialismus vom Standpunkt des Staates und des Rechts.(Pr.,1956, H.5, S.401-417)

Gronsky,J.: R.N.Foustka, Der Staat,seine Entstehung,sein Wesen und seine Entwicklung. Bratislava 1955.(Rez.).(Pr.,1956,H.3, S.261-271)

Klenner,H.; K.-H.Schöneburg: Vom ewigen zum beweglichen Naturrecht. (St R,1956,1.Beiheft,S.3-15)

Maly,K.: Bericht über die öffentliche Verteidigung der Dissertation von J.Vysokaj, Die Rolle des Sowjetstaates und des Sowjetrechts beim Aufbau der Kollektivwirtschaften in der Landwirtschaft (Oktober 1917 bis 1936).(Pr.,1956,H.3, S.276-279) 16

Über die juristische Natur der Richtlinien des Plenums des Obersten Gerichts der UdSSR. (Sov.gos.pravo,1956,H.8, S.13-21)

Peska, P.: Für die Entwicklung des sozialistischen Demokratismus, die Vervollkommnung des Staatsapparates und die Festigung der sozialistischen Gesetzlichkeit.(Pr.,1956,H.5, S.418-430) 7

Polášek, V.: Die Wechselbeziehungen zwischen Recht und Moral. (Pr.stúdie,1956,H.1, S.29-58)

Polenc,O.(Polenz,O.E.): Die Frage der parlamentarischen Demokratie in der modernen bürgerlichen Staatstheorie.(Vopr.fil.,1956, H.4, S.129-136)

Rolenc,V.: Die Festigung der sozialistischen Gesetzlichkeit - eine Weisung des XX.Parteitages der KPdSU.(Soc.zák.,1956,H.3,S.129-133)

Senin, N.: Die Theorie des "Hineinwachsens" des Kapitalismus in den Sozialismus und die Wirklichkeit.(Kommunist,1956,H.15, S.100-108)

Prof.P.H.Seraphim -"wissenschaftlicher" Wegbereiter faschistischer Ideologie unter Hitler und unter Adenauer.(ddz,1956,H.126, Sp.355-374)

Sobolev, A.(Sobolew,A.): Über die parlamentarische Form des Übergangs zum Sozialismus.(Kommunist,1956,H.14, S.14-32)

Der gegenwärtige Stand und die wichtigsten Aufgaben der allgemeinen Staats- und Rechtstheorie. (Pr.,1956,H.3, S.193-198)

Tadevosjan,V.S.(Tadewosjan,W.S.): Einige Fragen des Systems des Sowjetrechts. (Sov.gos.pravo,1956,H.8, S.99-108)

Weichelt,W.: M.P.Karewa.u.a., Theorie des Staates und des Rechts. Moskau 1955 (Rez.).(St R,1956,H.7, S.946-953)

Weichelt, W.: Werktätige! Denkt daran, daß ihr jetzt selbst den Staat verwaltet! Lenin und die Große Sozialistische Oktoberrevolution. (Dem.Aufb.,1956,H.21, S.583-587) 5

Wroblewski,J.: Die Auslegung des Rechts und die juristische Terminologie. (P.i P.,1956,H.5-6, S.843-865) 18

4.Geschichte der Staats-und Rechtstheorie

Dergunova,A.S.;N.N.Ivanov;J.I.Udalzov (Dergunowa,A.S.;N.N.Iwanow; J.I.Udalzow): Die Geschichte der sozialistischen Lehren aus der Sicht eines Labour-Historikers.(Vopr.ist.,1956,H.2; deutsch: Wirtsch.Wiss.,1956,H.5, S.759-764)

Karačiviev, V.D.(Karatschiwijew,W.D.): Der Kampf Dimitri Blagoevs um den dialektischen Materialismus.(Vopr.fil.,1956,H.4, S.45-55) 1

Sokolov, V.V.(Sokolow,W,W.): Die ethischen und soziologischen Anschauungen Spinozas. (Vopr.fil.,1955,H.3; deutsch: Sov.Wiss. (GB),1956,H.10, S.1244-1261)

5.Staats-u.Rechtsgeschichte

Galkin,A.A.;O.M.Nakropin: Die Kapitulation Hitler-Deutschlands und die Regierung Dönitz. (Vopr.ist.,1956,H.8, S.68-79)

Golikov,G.: Zur Ausarbeitung der Geschichte der Oktoberrevolution.(Kommunist,1956,H.15, S.44-58)

Günther,R.;G.Schrot: Einige Probleme zur Theorie der auf Sklaverei beruhenden Gesellschaftsordnung.(Zs.Gesch.Wiss.,1956,H.5, S.990-1008)

Gwizdz, A.: Das Auftreten Adolf Warski's im bürgerlichen Sejm Polens. (P.i P.,1956,H.5-6, S.821-829) 7

Kühlig,G.: Gesinnungsverfolgung in der Periode der bürgerlich-demokratischen Revolution.(St R,1956, 1.Beiheft, S.58-69)

Kukuškin,K.V.(Kukuschkin,K.W.): Der Kampf der Kommunistischen Partei Chinas um die nationale Einheitsfront (1935-1937). (Vopr.ist.,1956,H.2; deutsch: Sov.Wiss.(GB),1956,H.10,S.1276-1294)

Kuz'min,N.(Kusmin,N.) u.a.: Über einige Fragen der Geschichte des Bürgerkrieges. (Kommunist,1956,H.12, S.54-71)

Liebig,G.: 30 Jahre Berliner Verträge. (Dt.Auss.pol.,1956,H.5, S.435-443) 6

Modrzejewski, J.: Eine internationale Tagung über juristische Papyrologie und Keilschriftrecht in Warschau.(Vom 2.bis 4.Dezember 1955).(St R,1956,H.7, S.930-940)

Petzold,J.: Der Staatsstreich vom 20.Juli 1932 in Preußen. (Zs.Gesch.Wiss.,1956,H.6, S.1146-1186)

Rathmann, L.: Bismarck und der Übergang Deutschlands zur Schutzzollpolitik (1873/75-1879).(Zs.Gesch.Wiss.,1956,H.5, S.899-949)

Für eine wissenschaftliche Bearbeitung der Grundfragen der Geschichte des Sowjetstaates und des Sowjetrechts. (Sov.gos.pravo,1956, H.6, S.3-11; deutsch: RID,1956,H.21, Sp.615-624)

Stern, L.: Der Freiheitskampf des spanischen Volkes. (WZ Halle, 1955/56,H.5, S.741-752)

Vetulani,A.: Zur Frage des bäuerlichen Rechts im feudalen Polen. (P.i P.,1956,H.10, S.618-632)

Wilhelmus, W.: Die Rolle der Räte in Vorpommern.(Zs.Gesch.Wiss., 1956,H.5, S.966-989)

6.Völkerrecht und Außenpolitik

Briefwechsel Bulganin-Eisenhower zu Abrüstungsfragen.(ddz,1956, H.128, Sp.484-491)

Erklärung der Sowjetregierung über die bewaffnete Aggression gegen Ägypten. (N.Zeit,1956,H.45,(Beil.), S.34)

Alekseenko, V.(Alexejenko,W.): Der Suezkanal.(Mežd.žizn,1956,H.9, S.91-98) 7

Andreev,G.(Andrejew,G.): Wer stört die Lösung des Abrüstungsproblems? (Mežd.žizn,1956,H.10, S.14-24)

Zu den Verhandlungen zwischen der Regierung der UdSSR und der Regierung der USA über das Atomproblem. (N.Zeit,1956,H.42(Beil.), S.2-24)

Aust, H.W.: Hintergründe des Suez-Konflikts.(Dt.Auss.pol.,1956, H.5, S.410-434)

Azud,J.: Zum Problem der Neutralität im gegenwärtigen Völkerrecht. (Pr.stúdie,1956,H.3, S.313-325)

Berezowski,C.: Die Rechtslage der territorialen Basen.(P.i P., 1956,H.8-9, S.280-296)

Bertsch,H.: Island fordert Abzug der Amerikaner.(Dt.Auss.pol., 1956,H.5, S.455-459)

Besprechungen zwischen der Regierung der UdSSR und der Regierung der USA über das Atomproblem. (Mežd.žizn,1956,H.10, S.129-148)

Das Bonner Memorandum und die sowjetische Antwortnote.(ddz,1956, H.130, Sp.672-710)

Botschaft N.A.Bulganins an den Präsidenten Dwight D.Eisenhower. (N.Zeit,1956,H.44 (Beil.), S.38-39)

Botschaftsaustausch zwischen N.A.Bulganin und Dwight D.Eisenhower. (N.Zeit,1956,H.39 (Beil.), S.3-8)

Chałoša, B.(Chaloscha,B.): Pläne zur "Modernisierung" der NATO. (N.Zeit,1956,H.41, S.11-14)

Deklaration der Regierung der UdSSR über die Grundlagen für die Entwicklung und weitere Festigung der Freundschaft und Zusammenarbeit zwischen der Sowjetunion und den anderen sozialistischen Staaten. (N.Zeit,1956,H.45, S.1-2)

Gemeinsame Erklärung der Regierung der Deutschen Demokratischen Republik und der Regierung der Tschechoslowakischen Republik. (Nat.,1956,H.10, S.671-676)

Die Regierungsverhandlungen DDR-ČSR in Prag.(ddz,1956,H.128, Sp.478-483)

Eršov,T.(Erschow,T.): Das indonesische Volk im Kampf für den Frieden und die Festigung der nationalen Unabhängigkeit.(Mežd.žizn, 1956,H.9, S.19-26)

Garanin, E.I.: Der Kampf der Sowjetunion um die Abrüstung. (WZ Halle,1955/56, H.5, S.795-802)

Gemeinsame Deklaration der Union der Sozialistischen Sowjetrepubliken und Japans. (N.Zeit,1956,H.44,(Beil.), S.35-37)

Glückauf, E.: Prüfsteim der deutschen Außenpolitik.(Verhältnis zur Sowjetunion).(Dt.Auss.pol.,1956,H.5, S.389-395)

Graefrath, B.: Die Strafsanktionen in den Genfer Abkommen. (St R,1956,H.7, S.849-868)

Hegler, H.: Rapallo, Inbegriff deutsch-sowjetischer Zusammenarbeit und Verständigung. (Nat.,1956,H.10, S.719-728)

Henseleit, U.: Das Kaschmir-Problem. (Dt.Auss.pol.,1956,H.5, S.464-467)

Hofert,A.: Die Deutsche Demokratische Republik - der westlichste Vorposten des sozialistischen Weltsystems.(N.Weg,1956,H.18, S.1171-1175) 6

Jeschonnek, E.: Das Angebot zur friedlichen Vereinigung Taiwans mit China. (Dt.Auss.pol.,1956,H.5, S.459-464)

Ivanov, F.(Iwanow,F.): Der Internationale Gerichtshof über den Internationalen Status Südwest-Afrikas. (Sov.gos.pravo,1956,H.8, S.73-81)

Die Ergebnisse der Genfer Konferenz über die Ausarbeitung einer ergänzenden Konvention über die Aufhebung der Sklaverei. (Mežd.žizn,1956,H.10, S.149-157)

Kopal,V.: Das Einstimmigkeitsprinzip der Großmächte im Sicherheitsrat und die Angriffe dagegen.(Pr.,1956,H.4, S.291-314)

Korovin,J.A.(Korowin,J.A.): Die Rolle der Volksmassen bei der Entwicklung des Völkerrechts. (Sov.gos.pravo,1956,H.3; deutsch: Sov.Wiss.(GB),1956,H.10, S.1262-1275)

Kudriawzew,P.J.(Kudriavzev,P.J.): Die juristischen Prinzipien der friedlichen Koexistenz. (Mtbl.VDJD,1956,H.4, S.21-26)

Lazarev,M.(Lasarew,M.): Die Verletzung der souveränen Rechte der Völker.(Mežd.žizn,1956,H.10, S.77-88)

Meissner,W.: Die Außenpolitik der SPD. (Dt.Auss.pol.,1956,H.5, S.396-409)

Molodcov,S.V.(Molodzow,S.W.): Der Zerfall des Kolonialsystems und sein Einfluß auf das Völkerrecht.(Sov.gos.pravo,1956,H.5; deutsch: Sov.Wiss.(GB),1956,H.11, S.1389-1397)

Muszkat,M.: Einige juristische Gesichtspunkte der friedlichen Koexistenz.(Mežd.žizn,1956,H.9, S.37-46)

Petrov,M.: Die Kriegsvorbereitungen der USA im Stillen Ozean. (Kommunist,1956,H.15, S.90-99)

Reintanz,G.: Die amerikanische "Integration Europas" nach dem zweiten Weltkrieg. (WZ Halle,1955/56,H.5, S.809-860)

Reintanz,G.: Die Genfer Konventionen von 1949.(Mtbl.VDJD,1956, H.5, S.21-34)

Šarmazanašvili,G.V.(Scharmasanaschwili,G.W.): Der Nichtangriff - ein Prinzip des Schutzes des Friedens und der internationalen Sicherheit. (Sov.gos.pravo,1956,H.8, S.82-87)

Seleznev,I.A.(Selesnjew,I.A.): Über die Möglichkeit der Verhütung der Kriege in der gegenwärtigen Epoche.(Vopr.fil.,1956,H.5, S.20-31)

Spirin,V.G.: Das Problem der Hoheitsgewässer in der Praxis der lateinamerikanischen Länder.(Sov.gos.pravo,1956,H.7, S.118-122)

Die Suezfrage. (Mežd.žizn,1956,H.9, S.3-12) 7

Erklärung der Sowjetregierung über die Notwendigkeit einer friedlichen Entscheidung der Suezfrage. (N.Zeit,1956,H.39 (Beil.), S.9-13)

Verstaatlichung der Suezkanal-Gesellschaft - souveränes Recht Ägyptens. (ddz,1956,H.129, Sp.573-597)

Zum Abschluß der sowjetisch-jugoslawischen Konvention über die Staatsbürgerschaft. (Mezd.žizn,1956,H.9, S.154-155)

Convention, um zu jeder Zeit und für alle Mächte die freie Benutzung des maritimen Suez-Canals sicherzustellen; unterzeichnet in Constantinopel am 28.Oktober 1888.(Dt.Auss.pol.,1956,H.5,S.482-485)

Deklaration der IVDJ über die Verstaatlichung der Suezkanal-Gesellschaft. (Mtbl.VDJD,1956,H.5, S.3-9)

Zur Nationalisierung der Suezkanal-Gesellschaft.(Mezd.žizn,1956, H.9, S.156-159) 7

Verstaatlichung der Suezkanal-Gesellschaft - souveränes Recht Ägyptens. Chronik vom 26.Juli bis 12.August 1956.(ddz,1956,H.125, Sp.199-204; H.127,Sp.401-434; H.128,Sp.490-511) 7

Švarc, B.: Die Respektierung der gesetzlichen Rechte Ägyptens ist die Bedingung einer erfolgreichen Lösung der Suezfrage. (Nová mysl,1956,H.10, S.1074-1082)

Tavrov, G.(Tawrow,G.): Der Streit um den Panamakanal.(Mezd.žizn, 1956,H.9, S.132-134)

Tomko, J.: Zur Entwicklung des Problems der Abrüstung nach dem zweiten Weltkrieg.(Pr.obz.,1956,H.7, S.420-432)

Tomko,J.: Zur Frage der inneren Zuständigkeit des Staates und der UNO (Art.2, Abs.7 UN-Charta). (Pr.stúdie,1956,H.1, S.59-94)

Tunkin, G.: Die friedliche Koexistenz und das Völkerrecht. (Sov.gos.pravo,1956,H.7, S.3-13)

Tunkin, G.: Es ist an der Zeit, China in die UN aufzunehmen. (Mezd.žizn,1956,H.10, S.25-34)

Abkommen über kulturelle Zusammenarbeit der UdSSR und Belgiens. (N.Zeit,1956,H.45 (Beil.), S.35-36)

Am Vorabend der XI.Tagung der UN. (Mezd.žizn,1956,H.10, S.9-13)

Velecky, Z.: Zur Tagung des Politischen Beratenden Ausschusses der am Warschauer Vertrag beteiligten Staaten in Prag.(Pr.,1956, H.4, S.289-291)

Vilnis, Ja.: Über die Versuche der Einmischung in die inneren Angelegenheiten der Völker des Baltikums. (Mezd.žizn,1956,H.9, S.27-36)

Žukov, E.(Shukow,E.): Die Suezfrage kann nicht durch die Methoden des Kolonialismus entschieden werden.(Kommunist,1956,H.14, S.77-84)

7.Staatsrecht

Die Abgeordneten befähigen, ihre Aufgaben besser zu erfüllen. (DFW,1956,H.22, S.1o56-1o58) 9

Ammon,E.: Entwicklungsprobleme der Volksrepublik Polen.(Dt.Auss. pol.,1956,H.5, S.448-454)

Baj,V.: Die Wahrheit über den Karlsruher Prozeß.(Kommunist,1956, H.13, S.1o3-1o9)

Baskin,M.: Die Bundesrichter vor dem Gericht der Tatsachen.(Zum Verbotsurteil gegen die KPD).(N.Zeit,1956,H.39, S.12-15)

Das Bonner Grundgesetz und seine Abänderungen.(ddz,1956,H.129, Sp.656-665;H.130,Sp.768-777)

Brill,E.: Die Kabinettsumbildung in Bonn. (Weltb.,1956,H.44, S.1393-1397) 9

Der Organisationsaufbau des DGB. (Gew.Akt.,1956,H.22, S.40-45) 19

Durch größere Aktivität der Abgeordneten zur breiteren Entfaltung der Demokratie. (Dem.Aufb.,1956,H.18, S.514-517)

Farberov,N.P.: B.L.Borisov, Die örtlichen Organe der Staatsgewalt der europäischen Länder der Volksdemokratie.Moskau 1955. 132 S. (Rez.).(Sov.gos.pravo,1956,H.7, S.138-141)

Förster,E.H.: Zur politischen Linie der National-Demokratischen Partei Deutschlands.(Nat.,1956,H.9, S.609-619)

Gellert,P.: Österreich ein Jahr nach dem Staatsvertrag.(Dt.Auss. pol.,1956, H.5, S.444-448) 6

Der Aufbau des Kommunismus und die sowjetischen Gewerkschaften. (Kommunist,1956,H.13, S.3-14)

Görner,K.: Das Verbotsurteil gegen die KPD ist unrechtmäßig. (Schöffe,1956,H.9, S.265-269)

Grajewska, I.: Zur Frage der Abberufbarkeit der Abgeordneten. (P.i P.,1956,H.8-9, S.491-495)

Heeb,F.: Wandlungen einer bürgerlichen Demokratie.(Schweiz). (St R,1956, 1.Beiheft,S.16-39)

Helbig, K.: Das Verhältnis der Gewerkschaften zu unserem Staat und das Mitbestimmungsrecht.(Arb.,1956,H.11, S.733-739)

Hieblinger, R.: Zu einigen Fragen der Aufgaben und Kompetenzen der örtlichen Organe der Staatsmacht.(Dem.Aufb.,1956,H.19, S.541-544) 9

Jäckel,O.: Wie soll es mit der Arbeit der ständigen Kommissionen Volkspolizei und Justiz weitergehen? (Dem.Aufb.,1956,H.20,S.574-576)

Ignatenko, G.: Die Verfassung und die grundlegenden Gesetzgebungsakte der Volksrepublik China. Moskau 1955. 690 S.(Rez.). (Sov.gos.pravo,1956,H.7, S.130-133)

Kaemmel,E.: Rechte und Pflichten der örtlichen Volksvertretungen. (DFW,1956,H.21, S.1006-1008)

Kisselev,J.L.(Kisseljew,J.L.): Über die rechtliche Stellung der Gewerkschaftsorganisationen in der UdSSR.(Sov.gos.pravo,1956, H.4, S.61-72; deutsch: RID,1956,H.22, Sp.658-671) 19

Die Kommunistische Partei Deutschlands wurde vom Adenauer-Regime verboten.(Wortlaut des Urteils des Bundesverfassungsgerichts. Erklärung des Parteivorstandes der KPD nach dem Verbot).(ddz,1956, H.126,Sp.293-328)

Fort mit dem KPD-Verbot. (Nat.,1956,H.9, S.605-608)

Gesamtdeutsches Gremium zur Überprüfung des KPD-Verbots gefordert. (ddz,1956,H.128, Sp.535-538)

Laco,K.: Die politische und verfassungsmäßige Entwicklung der Chinesischen Volksrepublik bis zur Annahme der Verfassung der Chinesischen Volksrepublik im Jahre 1954. (Pr.študie,1956,H.2, S.153-215; H.3, S.326-374)

Leber,G.: Zur Entwicklung der Demokratie in der Deutschen Demokratischen Republik. (Nat.,1956,H.10, S.695-702)

Lopatka, A.: S.Zawadzki, Die Entwicklung der Verbundenheit zwischen den Nationalräten und den werktätigen Massen in Volkspolen. Warschau 1955. 252 S.(Rez.).(P.i P.,1956,H.5-6, S.1021-1028)

Mehnert,G.: Brauchen wir die weitere Demokratisierung? (Hswesen, 1956,H.10, S.445-450)

Meljakin, V.K.: Die Verordnungen über die örtlichen Sowjets müssen mit den Erfordernissen des Lebens in Einklang gebracht werden. (Sov.gos.pravo,1956,H.8, S.125-127)

Miljukova,V.(Miljukowa,W.): Der Bundestag und seine Fraktionen. (Mezd.zizn,1956,H.9, S.99-110).

Neumann,O.: Das Verbot der KPD - ein gefährlicher Angriff auf Frieden, Demokratie und Wiedervereinigung Deutschlands.(Einh.,1956, H.9, S.809-814)

Oltjanu,O.; I.Benditer: Das höchste Organ der Staatsgewalt der Volksrepublik Rumänien. (Sov.gos.pravo;1956,H.7, S.52-60)

Ostmann,H.: Einige Bemerkungen zur breiteren Mitarbeit an der Vorbereitung der Gesetze. (NJ,1956,H.21, S.662-664) 8

Ostmann,H.: Mehr Sorgfalt bei gesetzlichen Strafandrohungen! (Dem.Aufb.,1956,H.22, S.624-626) 11

Piskotin, M.I.: Über die Budgetrechte des Obersten Sowjets der UdSSR. (Sov.gos.pravo,1956,H.7, S.14-24) 10

Poppe,E.: Zum Wesen und Begriff des Wählerauftrages.(St R,1956, H.7, S.869-881)

Prusa, O.: Bedeutsame Maßnahmen zur weiteren Festigung des sowjetischen Nationalitätenstaates.(Pr.,1956,H.5, S.430-446)

Rozmaryn,St.: Über gewisse Rechtsfragen der Erweiterung der Vollmachten der Minister. (P.i P.,1956,H.8-9, S.486-488) 9

Šavrov, Ja.M. (Schawrow, Ja.M.): Die Entwicklung der Verfassung der Tschechoslowakischen Republik. (Sov.gos.pravo, 1956, H.8, S.62-72)

Scheremet, K.Ph.: Über die internationale Bedeutung der Sowjetischen Verfassung. (WZ Halle, 1955/56, H.5, S.803-808)

Sedin, L.: "Keep left!". (55.Jahreskonferenz der Labourpartei). (N.Zeit, 1956, H.43, S.6-9)

Seydewitz, M.: Größere Vollmachten für die örtlichen Volksvertretungen. Das Gesetz über die örtlichen Organe der Staatsmacht in der DDR. (DFW, 1956, H.19, S.894-895) 10

Der 7.Bundesparteitag der SPD. (ddz, 1956, H.128, Sp.561-572)

Thomas, H.; H.Schröter: Einige Gedanken über die Volkskammerausschüsse. (Dem.Aufb., 1956, H.22, S.610-611)

Tomsova, I.: F.I.Popova, Die sozialistische Gesetzlichkeit in der Tätigkeit der örtlichen Sowjets. Moskau 1954. (Rez.). (Pr., 1956, H.3, S.271-274)

Trammer, H.: S.W.Rozmaryn, Über die Erweiterung der Vollmachten der Minister in der Volksrepublik Polen. (Rez.). (P.i P., 1956, H.5-6, S.979-982)

Tung Pi-wu: Die Arbeit der Justizorgane in der Volksrepublik China. (Mtbl.VDJD, 1956, H.4, S.33-36)

Valiachmetov, G.M. (Waliachmetow, G.M.): Der innere Aufbau Tibets. (Sov.gos.pravo, 1956, H.7, S.113-117)

Tarnorganisationen Adenauers im Wahlkampf. (ddz, 1956, H.128, Sp.537-550)

Warnitz, M.: Ceylon nach den Wahlen. (Dt.Auss.pol., 1956, H.5, S.467-469)

Weidauer, W.: Die Stellung der örtlichen Organe der Staatsmacht in der Deutschen Demokratischen Republik und ihre neuen Aufgaben. (Einh., 1956, H.9, S.875-882)

Deutscher Rat zur Vorbereitung der Wiedervereinigung gegründet. (ddz, 1956, H.130, Sp.710-713)

Wolinska, H.: Über die Gesetzlichkeit und die Staatsanwaltschaft. (Nowe Drogi, 1956, H.4; tschech: Soc.źak., 1956, H.7, S.385-390) 8

Zamkowski, W.: Das Recht auf Abberufung eines Sejmabgeordneten in der Volksrepublik Polen. (P.i P., 1956, H.5-6, S.866-878)

Zawadski, S.: Um eine höhere Bedeutung der Nationalräte. (P.i P., 1956, H.8-9, S.263-279)

8. Gerichtsverfassung (einschließlich Staatsanwaltschaft, Justizverwaltung, Notariat und Anwaltschaft)

Fan Min: Über die Tätigkeit der Volksgerichte im neuen China. (J.N., 1956, H.4, S.669-673)

Feller, S.; A. Petrescu: Die besonderen und die allgemeinen Merkmale der Gerichte und der Staatsanwaltschaft der Volksrepublik Rumänien als besondere staatliche Organe für die Gewährleistung der Gesetzlichkeit. (J.N., 1956, H.4, S.579-594) 7

Herrmann, R.: Die Grundgesetzwidrigkeit der westdeutschen Sondergerichte. (WZ Halle, 1955/56, H.5, S.945-954) 7

Nathan, H.: Zur Rechtsprechung des Obersten Gerichts. Betrachtungen aus Anlaß der Diskussion über die Kostenentscheidung im Güteverfahren. (NJ, 1956, H.21, S.647-650) 18

Schirm, R.: Aus der Tätigkeit der freiberuflichen Notare. (NJ, 1956, H.22, S.695-696)

Bericht über die zentrale Schöffenkonferenz. (NJ, 1956, H.22, S.677-680)

Entschließung der zentralen Schöffenkonferenz in Leipzig. (Schöffe, 1956, H.11, S.329-332)

Aus dem Schlußwort des Ministers der Justiz. [Schöffenkonferenz] (Schöffe, 1956, H.11, S.334-335)

Zwei Konferenztage voller Erleben. [Schöffenkonferenz] (Schöffe, 1956, H.11, S.332-335)

Spasov, B.: Über das Plenum des Obersten Gerichts und seine Beschlüsse. (Soc.pravo, 1956, H.5, S.1-11)

9. Verwaltungsrecht und Allgemeine Aufsicht des Staatsanwalts

Berezovskaja, S.G. (Beresowskaja, S.G.): Die Rolle der Wissenschaft in der Entwicklung der Allgemeinen Aufsicht des Staatsanwalts in der Volksrepublik Ungarn. (Sov.gos.pravo, 1956, H.8, S.145-146)

Bönninger, K.: Der Raub des Mitbestimmungsrechts der Beamten der Bundesrepublik. (St R, 1956, 1.Beiheft, S.40-57) 7, 19

Büchner-Uhder, W.: Zu den Methoden der staatlichen Leitung Landwirtschaftlicher Produktionsgenossenschaften. (WZ Halle, 1955/56, H.5, S.897-902) 16

Bostal, F.: Ein Beitrag zur Auslegung des Begriffes "öffentlicher Funktionär". (Soc.zák., 1956, H.7, S.408-412)

Braginski, B.: Fragen der Planung und Erfassung der Arbeitsproduktivität in der Landwirtschaft. (Plan.choz., 1956, H.3; deutsch: Sov.Wiss.(GB), 1956, H.11, S.1352-1367) 16

Bydzovsky, L.: Die neue Verordnung über die Aufsicht der Staatsanwaltschaft in der UdSSR. (Pr., 1956, H.4, S.314-320)

Dawidowicz, W.: Betrachtungen über die verwaltungsrechtliche Problematik der Melioration in der Landwirtschaft. (P.i P., 1956, H.5-6, S.947-962)

Dittrich: Zur Verantwortlichkeit der Räte der kreisangehörigen Städte für die volkseigene örtliche Industrie.(Dem.Aufb.,1956, H.21, S.593-594)

Höfer,Th.: Gedanken zur Neuregelung der Rechtsverhältnisse der Mitarbeiter des Staatsapparates in der DDR.(Dem.Aufb.,1956,H.22, S.617-619) 19

Hornburg, H.: Neue Formen der Leitung der volkseigenen örtlichen Industrie sind eine zwingende Notwendigkeit.(Dem.Aufb.,1956,H.21, S.590-592)

Hromada,J.: Zur Frage der Festiguug der sozialistischen Gesetzlichkeit in der staatlichen Verwaltung.(Pr.obz.,1956,H.7,S.400-405)

Hromada,J.: Einige Bemerkungen zum Problem des Begriffes des Verwaltungsaktes. (Pr.študie,1956,H.3, S.375-392)

Kietz:Erfüllungsstand des Haushaltsplanes offenbart Mängel in der Arbeit des Verwaltungsapparates.(Dem.Aufb.,1956,H.18, S.517-519)

Klajnerman, J.: Fragen der Rechtsprechung im Verwaltungs-Strafverfahren. (N.P.,1956,H.9, S.30-40)

Knoll: Bei der Zuordnung von örtlichen VEB die Verantwortlichkeit der Städte und Gemeinden stärken.(Dem.Aufb.,1956,H.21, S.592-593)

Köppen, G.: Größere Aufgaben erfordern höhere Qualifikationen der Kader.(Dem.Aufb.,1956,H.20, S.559-561)

Kümmel,H.: Einige wichtige Probleme der Leitung der volkseigenen örtlichen Industrie. (Dem.Aufb.,1956,H.21, S.586-588)

Kümmel,H.: Die örtlichen Staatsorgane und die Industrie- und Handelskammer der DDR. (Dem.Aufb.,1956,H.19, S.544-546)

Langenhahn, W.: Industrieleitungen ermöglichen eine differenzierte Anleitung der örtlichen VEB. (Dem.Aufb.,1956,H.21, S.588-590)

Leymann, B.: Zum Unterschied zwischen der allgemeinen Beschwerde und dem förmlichen Rechtsmittel. (Dem.Aufb.,1956,H.22,S.626-627)

Menzel,W.: Bemerkungen zum Prinzip der persönlichen Verantwortung im Staatsapparat der Deutschen Demokratischen Republik. (St R,1956,H.7, S.882-897)

Menzel,W.: Probleme der Neuregelung des Vorschlags- und Beschwerderechts. (Dem.Aufb.,1956,H.20, S.576-579)

Pachomov,I.N.(Pachomow,I.N.): S.G.Berezovskaja, Die Aufsicht der Staatsanwaltschaft in der sowjetischen Staatsverwaltung.(Rez.). (Sov.gos.pravo,1956,H.8, S.135-137)

Poljanskij,D.: Die Leitung der Landwirtschaft ist zu verbessern. (Kommunist,1956,H.15, S.59-73) 16

Schuchert,W.: Einige Bemerkungen zur Verordnung über die Lenkung des Wohnraumes sowie zur Ersten Durchführungsbestimmung. (A.u.S.,1956,H.21, S.649-651)

Sievers, R.: Zur Lehre vom Verwaltungsakt. (WZ Jena,1955/56,H.6, S.765-787)

Starosciak,J.: Über die Organisation der Allgemeinen Aufsicht der Staatsanwaltschaft. (N.P.,1956,H.9, S.41-46)

Štefanovič,M.: Die Leitung und Organisation der staatlichen Wirtschaftsbetriebe. (Pr.štúdie,1956,H.1, S.95-118)

Worch,G.;G.Abelmann: Die Wirkung von Rechtsmitteln im Verwaltungsrecht. Teil 2. (Dem.Aufb.,1956,H.18, S.530-531)

Wunsch,R.: Anleitung der Staatsanwälte durch die Oberste Staatsanwaltschaft auf dem Gebiet der Allgemeinen Aufsicht. (NJ,1956, H.21, S.664-665)

10.Finanzrecht

Albu,I.: Die Bodenverhältnisse und die Frage ihrer Regelung durch ein besonderes Rechtsgebiet, das Finanzrecht. (J.N.,1956,H.4, S.623-648) 16

Bogdanov, O.: Die anglo-amerikanischen Widersprüche in der Währung. (Mežd.žizn,1956,H.9, S.72-79)

Lehner,H.: Zu einigen Fragen der Produktionsabgabe.(DFW,1956, H.19, S.921-922)

Mihalca,A.;I.Kirmaier: Die Grundprinzipien der neuen Staatszölle. (J.N.,1956,H.4, S.595-611)

Rzesnitzek,F.: Zur Motivierung der Steuererhebung von der Bevölkerung im Sozialismus. (WZ Halle,1955/56,H.5, S.877-888)

Spacil,B.: Die Landwirtschaftssteuer. (Pr.,1956,H.3, S.208-220) 16

Spiller,H.: Die Landwirtschaftsteuer in der Volksrepublik Bulgarien. (DFW, 1956,H.19, S.938-939) 16

Der Staatshaushaltsplan als Hauptfinanzplan der Deutschen Demokratischen Republik. (DFW,1956,H.20, S.992-993; H.21, S.1o44-1o45; H.22, S.1o96-1o97)

Vogel,E.: Zur Stellung der privaten Unternehmungsformen im Steuersystem der Deutschen Demokratischen Republik.(DFW,1956,H.22, S.1065-1069)

Walther, E.: Zur Neugestaltung des allgemeinen Steuerrechts. (DFW,1956,H.20, S.982-984)

11.Strafrecht, Strafprozeß

Berg,H.: Die praktische Bedeutung der Beweislehre für die Untersuchungsorgane. (Vpol.,1956,H.18, S.14-15)

Buchholz, E.: Der Begriff des Beiseiteschaffens von Urkunden gem. § 348 StGB. (NJ,1956,H.21, S.667-668)

Chwalibogowski, K.: Tatsächliche Ermittlungen im Straf- und Zivilprozeß und deren gegenseitige Rechtskraft. (N.P.,1956,H.9, S.47-58) 18

Daszkiewicz-Paluszyńska,K.: J.Lekschas, Die Schuld als subjektive Seite der verbrecherischen Handlung. Berlin 1955. 58 S. (Rez.). (P.i.P.,1956,H.5-6, S.1050-1053)

Fodor,I.: Einige Fragen des Objekts von Verbrechen gegen das gesellschaftliche Vermögen. (J.N.,1956,H.4, S.612-622)

Golunski,S.A.: Die Garantie der Persönlichkeitsrechte im sowjetischen Strafprozeß. (Mtbl.VDJD,1956,H.5, S.9-17)

Hahn,A.: Wirkungen eines Urteils auf Mitverurteilte nach § 294 StPO. (NJ,1956,H.21, S.665)

Hilarowicz,T.: Zur Verteidigung der Schutzaufsicht.(N.P.,1956,H.9, S.86-87)

Hinderer,H.: Zur Gesetzgebung auf dem Gebiet des Wirtschaftsstrafrechts. (NJ,1956,H.22, S.681-685)

Hochberg,L.: Die Amnestie 1956. (P.i.P.,1956,H.10, S.648-654)

Horozowski,T.: Die Bezeichnung und der Begriff "Beweis" in der Theorie und in der Praxis des Gerichtsrechts. (P.i.P.,1956,H.10, S.593-617) 18

Husar, E.: Zu einigen Fragen der sozialistischen Gesetzlichkeit im Strafrecht. (Pr.obz.,1956,H.7, S.394-400)

Kiričenko,V.F.;G.A.Mendel'son;Ju.M.Tkačevskij (Kiritschenko,W.F.; G.A.Mendelson,Ju.M.Tkatschewskij): Die strafrechtliche Verantwortlichkeit für geringfügige Entwendungen. (Sov.gos.pravo,1956,H.7, S.107-112)

Konstantinov,D.: Die Übergangsbestimmung des § 78 des Gesetzes über die Abänderung und die Ergänzung des Strafgesetzes. (Soc.pravo, 1956,H.5, S.40-46)

Kozanecki,Z.: Zwei oder drei Formen der Schuld? (N.P.,1956,H.9, S.84-86)

Krutzsch,W.: Die Diskussion zu Fragen der Strafzumessung muß fortgesetzt werden. (Schöffe,1956,H.10, S.297-302)

Leonieni,M.: Die Entwendung gesellschaftlichen Eigentums und die Bestimmung des § 2,Art.286 StGB. (P.i.P.,1956,H.10, S.655-674)

Nezbeda,A.;G.Prenosil: Bemerkungen zu einigen Fragen der Entwendung von Volkseigentum und Eigentum der Volksgenossenschaften. (Soc.zák.,1956,H.3, S.146-154)

Nikolaev, V.(Nikolajew,W.): Die Überwindung falscher Theorien im Strafrecht - eine wichtige Voraussetzung der Festigung der sozialistischen Gesetzlichkeit.(Kommunist,1956,H.14, S.47-60)

Nowacki,J.: J.Sawicki, Das Rowdytum. Warschau 1956. 199 S.(Rez.). (P.i.P.,1956,H.10, S.692-697)

Ochman,W.: L.Lernell, Über den Inhalt und den Umfang des Begriffs Entwendung gesellschaftlichen Eigentums. (P.i.P.,1956,H.5-6, S.993-1002)

Ostmann, H.: Auslegung des § 3 StPO. (NJ,1956,H.21, S.665-666)

Papierkowski, Z.: Die Kollision der Gesetzesvorschriften nach dem Entwurf des Strafgesetzbuches. (P.i.P.,1956,H.8-9, S.418-423)

Rachunov, R.D.(Rachunow,R.D.): Die Bedeutung des Geständnisses des Beschuldigten für die Beweisführung nach dem sowjetischen Strafprozeß. (Sov.gos.pravo,1956,H.8, S.34-43)

Rajkowski,R.: Der Entwurf des Strafgesetzbuches und das Verwaltungsstrafrecht sowie seine Kodifikationsprobleme. (P.i.P.,1956,H.8-9, S.308-333) 9

Ranke, H.: Die Bedeutung des § 294 StPO für die Übereinstimmung von Gesetzlichkeit und Rechtskraft.(St R,1956,H.7, S.918-929)

Eine gefährliche Form des Verbrechens. Gedanken zur Überwindung des Rowdytums. (Vpol.,1956,H.20, S.17-19)

Sacharov,A.B.(Sacharow,A.B.): Der strafrechtliche Sicherheitsschutz der Arbeitsbedingungen. (Sov.gos.pravo,1956,H.7, S.85-92) 19

Šalamov, M.P.(Schalamow,M.P.): Zur Frage der Würdigung des Geständnisses des Beschuldigten. (Sov.gos.pravo,1956, H.8,S.44-50)

Salmonowicz,St.;St.Waltos: Über bestimmte Inkonsequenzen des Allgemeinen Teils des Entwurfs des Strafgesetzbuches.(P.i.P.,1956, H.10,S.675-679)

Schindler,R.: Zu Wyschinskis "Theorie der gerichtlichen Beweise im sowjetischen Recht". (NJ,1956,H.21, S.654-658)

Schüsseler,R.: Über Rechtsverletzungen und Klassenkampf in der Deutschen Demokratischen Republik. (St R,1956,H.7, S.825-848) 3

Schulze, W.: Neue Maßstäbe! (Strafpolitik.).(NJ,1956,H.21, S.645-647)

Sehn,J.: Der Sachverständigenbeweis im gerichtlichen Verfahren. (N.P.,1956,H.3, S.22-34;deutsch: RID,1956,H.21, Sp.631-644)

Sergeeva,T.L.(Sergejewa,T.L.): Einige Fragen der Verantwortlichkeit von Amtspersonen. (Sov.gos.pravo,1956,H.8, S.109-113)

Sliwinski,St.: Rückschau auf die Entscheidungen des Obersten Gerichts. Das Strafprozeßrecht des Jahres 1955.(P.i.P.,1956, H.5-6, S.963-978)

Solnar, V.: B.Vybiral, Der Begriff und die Bedeutung des Objekts des Verbrechens im tschechoslowakischen sozialistischen Strafrecht. Prag 1956. 162 S. (Rez.). (Pr.,1956,H.4, S.366-371)

Takov,N.;M.Stefanov(Takow,N.;M.Stefanow): Die Veränderungen in den Tatbeständen von Militärverbrechen. (Soc.pravo,1956,H.5, S.32-39)

Terpilowski,J.: Art. 1 § 3 Pkt. C des Erlasses zur Verstärkung des Schutzes des gesellschaftlichen Eigentums und geringfügige Einbruchdiebstähle. (N.P.,1956,H.9, S.100-101)

Tolar,J.: Die Verhängung der Gesamtstrafe. (Soc.zák.,1956,H.3, S. 154-161)

Vieska,J.: Die Novellierung des Strafgesetzbuches.(Soc.zák.,1956, H.7, S.391-396)

Vybiral,B.: Ist die einfache Konkurrenz von Verbrechen und Übertretung möglich? (Soc.zák.,1956,H.7, S.396-404)

Wolter, W.: Bemerkungen über die subjektive Seite der strafbaren Handlung in der Formulierung des Entwurfs des Strafgesetzbuches der VR Polen. (P.i.P.,1956,H.8-9, S.297-308)

Wolter, W.: Über die Tat als strafbares Tun bzw.Unterlassen. (P.i.P.,1956,H.5-6, S.879-907)

Zakrzewski,P.: Die Problematik der Kriminalität Minderjähriger und Jugendlicher in Nowa Huta.(P.i.P.,1956,H.8-9, 396-417)

12.Kriminalistik,Gerichtliche Medizin, Gerichtspsychiatrie,-psychologie

Ladányi, F.: Neue Möglichkeiten für die Entwicklung der neuen Kriminalistik. (J.K.,1956,H.5, S.297-303; deutsch: RID,1956,H.21, Sp.625-632)

Taeger, G.: Über Schriftproben und ihre Bedeutung für die Schriftexpertise. (Vpol.,1956,H.18, S.16-17)

13.Zivilrecht

Aleksandrov-Dol'nik,M.K(Alexandrow-Dolnik,M.K.): Über die Verantwortlichkeit der Eisenbahnen für die Unversehrtheit der Frachten. (Sov.gos.pravo,1956,H.7, S.93-102)

Alekseev,S.S.;E.D.Šešenin (Alexejew,S.S.;E.D.Scheschenin): Die zivilrechtlichen Formen der Kreditgewährung für den individuellen Wohnungsbau. (Sov.gos.pravo,1956,H.7, S.61-71) 10

Bergner,M.: Zur Geltung der Allgemeinen Deutschen Spediteurbedingungen (ADSp) in der Deutschen Demokratischen Republik.(St R,1956, H.7, S.898-917)

Bögelsack,U.: Rechtsfragen der staatlichen Beteiligung.(DFW,1956, H.21, S.1009-1013)

Buczkowski, St.: Um die eigentliche Rolle des Zivilrechts in der vergesellschafteten Wirtschaft. (P.i.P.,1956,H.8-9, S.249-262)

Chalfina, R.O.: O.S.Ioffe, Die Verantwortlichkeit nach dem sowjetischen Zivilrecht. Leningrad 1955. 309 S. (Rez.). (Sov.gos.pravo, 1956,H.7, S.134-137)

Die einheitlichen Richtlinien und Gebräuche für Dokumenten-Akkreditive (Dokumenten-Regulativ).(Ahdl.,1956,H.21, S.749-752)

Dybowski,T.: Das Eigentum an den Gewässern. (P.i.P.,1956,H.8-9, S.424-436)

Gabrovski,T.: Das Luftfahrtrecht der Volksrepublik Bulgarien. (Soc.pravo,1956,H.5, S.47-51) 6,9

Gähler, R.: Zum Erscheinen des Sachenrechtslehrbuchs.(NJ,1956, H.22, S.685-688)

Hanes,D.: Die Genossenschaftsorganisationen. (Pr.štúdie,1956,H.3, S.442-459)

Hans, W.: Zwei Stimmen zur Frage des Ersitzens des Anteils am gemeinschaftlichen Eigentum. (N.P.,1956,H.9, S.102-109)

Harrland, H.: Wenn zwei dasselbe tun. Einiges über Teilzahlungsgeschäfte. (Schöffe,1956,H.11, S.351-355)

Hruby,J.: Die Kündigung der Betriebswohnung. (Soc.zák.,1956, H.3, S.161-169;H.4, S.206-211)

Knapp,V.: G.K.Matveev, Die Schuld im sowjetischen Zivilrecht. Kiew 1955. 306 S. (Rez.).(Pr.,1956,H.3, S.255-261)

Kubiak,R.: Liegt ein Mißbrauch des Besitzrechts vor? (N.P.,1956, H.9, S.114-115)

Luby,St.: Die zivilrechtliche Verantwortlichkeit aus der Verletzung von Zivilrechtsverhältnissen. (Pr.štúdie,1956,H.3, S.408-441)

Moszynski,R.: Einige Bemerkungen über die Anwendung der Allgemeinen Bestimmungen des Zivilrechts bei der Exmission. (N.P.,1956, H.9, S.111-112)

Was hat der Bürgermeister bei der Errichtung eines Nottestaments zu beachten? (Dem.Aufb.,1956,H.20, S.578-579)

Pecha,F.: Zu Fragen der Verhandlung der Erbschaft nach Bauern, die nicht Mitglied einer Landwirtschaftlichen Einheitsgenossenschaft sind. (Soc.zák.,1956,H.7, S.429-430)

Popov,L.: Die zivilrechtliche Verantwortlichkeit bei Nichterfüllung der Verpflichtungen aus Verträgen zwischen MTS und landwirtschaftlichen Produktionsgenossenschaften.(Soc.pravo,1956,H.6, S.13-24; deutsch: RID,1956,H.20, Sp.597-606) 16

Richter,H.: Die Wahrung der Rechte der Bürger bei der Einleitung von Pflegschaften. (NJ,1956,H.22, S.696-697) 17

Salwa,Z.: Die Rolle des Rechts bei der Sicherung der einwandfreien Qualität der Arbeit. (P.i.P.,1956,H.8-9,S.334-349)15,19

Slovinsky,A.: Der Charakter der Rechtsbeziehungen in der staatlichen vertraglichen Versicherung. (Pr.obz.,1956,H.7, S.414-420)

Stolz,W.: Zu den Rechten des Käufers beim Kauf mangelhafter Waren. (Schöffe,1956,H.11, S.336-339)

Teissig, K.: Die Erbschaft bei Adoption des Kindes durch den Ehegatten eines seiner Elternteile. (Soc.zák.,1956,H.7, S.404-408)

Vassilev, L.: Die Auslegung von Normen des Zivilrechts.(Pr.obz., 1956,H.7, S.385-393)

Zum Differenzierungsprozeß in der westdeutschen Landwirtschaft. (Ber.Dt.Wirtsch.Inst.,1956,H.18, S.3-32)

14.Urheber- und Erfinderrecht

Droggan,G.: Die Beendigung des Patents durch Nichtigerklärung. (EuV,1956,H.19, S.445-447)

Fuchs,H.: Der Staatsanwalt sorgt für die Einhaltung der Verordnung über das Erfindungs- und Vorschlagswesen. (NJ,1956,H.21,S.650-654)
9,19

Hanes,D.: Das Firmenzeichen. (Pr.štúdie,1956,H.1, S.119-152)

Stühmke,H.: Die Neuheitsschädlichkeit ausgelegter Unterlagen von Patentanmeldungen und eingetragenen Gebrauchsmustern in der westdeutschen Rechtsprechung. (EuV,1956,H.19, S.448-449)

Vaksberg,A.I.;I.A.Gringol'c (Waksberg,A.I.;I.A.Gringolz): M.V.Gordon, Das sowjetische Urheberrecht.Moskau 1955. 230 S.(Rez.). (Sov.gos.pravo,1956, H.7, S.142-145)

15.Vertragssystem,Vertragsgerichtliches Verfahren

Borzova,K.A. (Borsowa,K.A.): Die Arbitragepraxis bei Streitigkeiten, die infolge der Umgehung des Abschlusses oder des nicht rechtzeitigen Abschlusses von Lieferverträgen entstehen. (Sov.gos.pravo, 1956,H.8, S.114-119)

Eörsi,G.: Einige grundsätzliche Fragen der Wirtschaftsverträge. (Pr.,1956,H.3, S.232-245)

Frejdman, Z.M.: Einige Fragen der Vertragspraxis. (Sov.gos.pravo, 1956, H.8, S.22-33)

Hendrych,D.: Die rechtliche Regelung der Verbindung zwischen dem Abnehmer beim Warenimport. (Soc.zák.,1956,H.7, S.433-443)

Kelm, G.: Der Entwurf der Kostenordnung des Staatlichen Vertragsgerichts. (NJ,1956,H.22, S.690-692)

Mayzel,J.: Über Lieferverträge zwischen den Betrieben der vergesellschafteten Wirtschaft. (P.i.P.,1956,H.8-9, S.365-378)

Praznovsky, M.: Die Kompetenz der Staatlichen Arbitrage.(Pr.obz., 1956,H.7, S.432-434)

Slezak, J.: Die Vereinfachung des Arbitrageverfahrens.(Soc.zák., 1956,H.7, S.443-447)

Spišiak,J.: Quantitative Fehler bei der Erfüllung von Wirtschaftsverträgen. (Reg.Verordnung Nr.18/1955).(Pr.štúdie,1956,H.2, S.294-312)

Szachulowicz, J.: Verschiedene Fragen der Kontraktverträge. (N.P.,1956, H.9, S.20-29)

Virsik,A.: Der subsidiäre Charakter der Bestimmungen der Regierungsverordnung Nr.33/1955 über die Wirtschaftsverträge.(Pr.obz.,1956, H.7, S.405-413)

Vlček,J.: Dvonc - Slezak, Die tschechoslowakische Arbitrage.(Rez.). (Soc.zák.,1956,H.7, S.448)

Zahradka, V.: Die Entstehung einiger Ansprüche aus Schuldverhältnissen zwischen Organisationen des sozialistischen Sektors. (Soc.zák.,1956,H.4, S.231-241)

16.LPG- Recht, Bodenrecht

Arlt,R.: Kolchosrecht, Lehrbuch für juristische Lehranstalten. Moskau 1955. (Rez.).(St R,1956,H.7, S.941-946)

Fabry,V.: Die Vertragsbeziehungen zwischen der Maschinen- und Traktorenstation und der Landwirtschaftlichen Einheitsgenossenschaft. (Pr.,1956,H.3, S.198-208)

Kulaszewski,W.: Pfändung von Vorschüssen auf Arbeitseinheiten. (NJW,1956,H.22, S.688-690)

Maly,K.: Dokumentensammlung über das Bodenrecht der UdSSR und der RSFSR (1917-1945).Moskau 1954. 720 S.(Rez.).(Pr.,1956,H.3, S.274-275)

Matoušková, J.: Zu Fragen des Investitionsaufbaus der Landwirtschaftlichen Einheitsgenossenschaften.(Nová mysl,1956,H.10, S.1032-1040)

Pavlov,I.V.(Pawlow,I.W.): Über wesentliche Veränderungen in der rechtlichen Regelung der wirtschaftlichen Tätigkeit der Kollektivwirtschaften der UdSSR. (Sov.gos.pravo,1956,H.4, S.39-49; deutsch: RID,1956,H.20, Sp.585-596)

Pjatnickij, P.P.(Pjatnizkij,P.P.): Neues in der kollektivwirtschaftlichen Demokratie.(Sov.gos.pravo,1956,H.8, S.128-131)

Podoprigora,S.A.; S.J.Katz: Der Schutz des kollektivwirtschaftlichen Eigentums vor Schäden, die durch die Verletzung der Arbeitsdisziplin entstehen.(Sov.gos.pravo,1954,H.8, S.43-49;deutsch: RID,1956,H.20, Sp.606-614)

Stefanovic, M.: Die Beziehungen des Rechts der landwirtschaftlichen Genossenschaften.(Pr.štúdie,1956,H.3, S.460-485)

17.Familienrecht

Dorf,Z.: Unterhaltsansprüche gegen das erworbene Vermögen der Ehegatten. (N.P.,1956,H.9, S.113-114)

Gutschmidt, G.: Anrechnung der Ausgleichssumme und des sonstigen Vermögens der Ehefrau auf ihren Unterhalt.(NJ,1956,H.22, S.693-694)

Kucera,Z.: Eheschließung und Scheidung in der DDR.(Soc.zák.,1956, H.4, S.255-256)

Nenova,L.;Lalova (Nenowa,L.;Lalowa): Die Ehescheidung bei schwerer Zerrüttung der Ehe, die ausschließlich durch die Schuld des Klägers eingetreten ist (Art.47, Abs.II des Familiengesetzes). (Soc.pravo,1956,H.5, S.12-24)

18.Zivilprozeß (einschließlich Familienrechtliches Verfahren

Bavorsky, J.: Die erste Arbeitskonferenz der Mitarbeiter des Zivilprozeßrechts. (Pr.obz.,1956,H.7, S.442-444)

Broniewicz, W.: W.Putschinski, Das Anerkenntnis der Partei im sowjetischen Zivilprozeß. Moskau 1955. 99 S. (Rez.).(P.i.P.,1956, H.10, S.698-702)

Cagara, J.: Einige Bemerkungen über den Entwurf der Zivilprozeßordnung.(N.P.,1956,H.9, S.95-97)

Česka,Z.;V.Steiner: Die Vorbereitungen zur zweiten Auflage des Lehrbuchs für Zivilprozeßrecht. (Pr.,1956,H.4, S.373-377)

Elias,J.: Fragen des Berufungsverfahrens in Zivilsachen.(Pr.,1956, H.4, S.321-335)

Hofmann,W.: Verurteilung und Pfändung wegen künftig fällig werdender Mietzinsforderungen. (NJ,1956,H.22, S.695)

Loginov, P.V.(Loginow,P.W.): Über das System der Zivilprozeßordnung der RSFSR und einige Fragen des Zivilprozesses.(Sov.gos.pravo, 1956,H.8, S.51-60)

Luby,St.: Die Vollstreckung und der zivilrechtliche Schutz der Rechte vom Standpunkt der Rechtswidrigkeit.(Pr.štúdie,1956,H.2, S.244-293)

Neumann,H.: Mehr Konzentration in Ehesachen! (NJ,1956,H.22, S.692-693)

19.Arbeitsrecht und Arbeitsrechtliches Verfahren

Bock,G.: Zu den Aufgaben der Betriebsgewerkschaftsleitungen bei Kündigungen. (Arb.,1956,H.9, S.621-623)

Cohn, K.: Gibt es Zahlungsbefehle im Arbeitsgerichtsverfahren? (Arb R,1956,H.1, S.16-17)

Feig, I.; W. Sieber: Aus der Praxis der Arbeit der Abteilung IV der Bezirksstaatsanwaltschaft mit den Konfliktkommissionen. (A.u.S.,1956,H.21, S.661-665)

Franke, K.: Der Kollektivvertrag als Quelle des Entlohnungsrechts in den sozialistischen Betrieben der Deutschen Demokratischen Republik. (Arb R,1956,H.2, S.36-40)

Grigorjev, A.: Aktuelle Fragen der Arbeitsnormung und Entlohnung in der Industrie. (Kommunist,1956,H.8; deutsch: Sowjetwissenschaft, 1956,H.10, S.1211-1228)

Grundmann, G.: Lohnausgleichszahlung bei Erkrankung zwischen Abschluß des Arbeitsvertrages und Aufnahme der Arbeit.(A.u.S.,1956, H.22, S.696-697)

Heinrich, G.; E. Stief: Über die Rentenreform in der Bundesrepublik. (Arb.,1956,H.9, S.606-612)

Heinrich, G.: Zur sozialistischen Rentenreform in der Deutschen Demokratischen Republik. (Arb.,1956,H.11, S.757-761)

Hörr, G.: Die Ausbildung und Qualifizierung der Arbeiter in den volkseigenen Betrieben der DDR. (A.u.S.,1956,H.22, S.676-678)

Klaffke, W.: Die Konfliktkommissionen und die demokratische Gesetzlichkeit in unseren Betrieben.(Gew.Akt.,1956,H.17, S.15-18)

Kolbaba, A.: Zur Frage der vorhergehenden Zustimmung zur Auflösung des Arbeitsverhältnisses nach § 13 Dekret Nr. 88/1945. (Soc.zák.,1956,H.7, S.418-420)

Kowollik, B.: Wissenswertes über das zeitlich begrenzte Arbeitsrechtsverhältnis. (A.u.S.,1956,H.18, S.566-569)

Kranke, R.: Das Mitbestimmungsrecht der Gewerkschaften bei Kündigungen.(Arb R,1956,H.1, S.11-13)

Kunz, F.: Administrierte Arbeitsordnungen verletzen das Mitbestimmungsrecht der Werktätigen. (Arb R,1956,H.1, S.6-8)

Kunz, Th.: Das Schlichtungsverfahren nach dem Landarbeiterschutzgesetz und Fristablauf. (A.u.S.,1956,H.23, S.726-728)

Lebig, W.; G. Gerstenberg: Über die beabsichtigte Sozialreform in Westdeutschland. (A.u.S.,1956,H.21, S.668-669)

Maša, M.: Zu § 27 Gesetz Nr. 51/1955 (Betrifft die Mitwirkung des Betriebskomitees beim Einsatz, der Einstellung und bei der Lösung von Arbeitsverhältnissen durch volkseigene Betriebe). (Soc.zák.,1956,H.7, S.420-424)

Moskalenko, G.K.: Das Gesetz über die staatlichen Renten in der UdSSR. (Sov.gos.pravo,1956,H.6, S.12-21; deutsch: RID,1956,H.22, Sp.671-682)

Mydlik, A.: Bericht über die Konferenz über Fragen des tschechoslowakischen Arbeitsrechts. (Pr.obz.,1956,H.7, S.439-442)

Mydlik,A.: Der Rechtsschutz des Arbeitsverhältnisses eines Beschäftigten für die Zeit der Anstaltsbehandlung oder der besonderen Heilfürsorge. (Pr.študie,1956,H.3, S.393-407)

Noack,I.: Zur Frage des Verhältnisses von Durchschnittsverdienst und Durchschnittslohn. (Arb R,1956,H.2, S.40-42)

Noack,I.: Die 39.Tagung der Internationalen Arbeitskonferenz in Genf. (Arb R,1956,H.2, S.34-36)

Ostrouchova,V.M.;M.M.Koldobskaja (Ostrouchowa,W.M.): Einige Ergebnisse aus der Verallgemeinerung der Gerichtspraxis in Arbeitsrechtsstreitigkeiten. (Sov.gos.pravo,1956,H.7, S.103-106)

Tauscher, H.: Das Zeugnis im Arbeitsrecht.(Arb R,1956,H.2, S.44-46)

Tauscher, H.: Die rechtlichen Möglichkeiten der BGL gegenüber der Betriebsleitung. (Gew.Akt.,1956,H.21, S.41-44) 9

Rachut, H.J.: Zum Verhältnis der Bestimmungen der Kündigungsverordnung zur Disziplinarordnung der Mitarbeiter der staatlichen Organe. (A.u.S.,1956,H.18, S.570-571) 7

Reichert, H.: Welche Aufgaben ergeben sich aus der Verordnung über die Allgemeine Sozialfürsorge? (A.u.S.,1956,H.17, S.540-541) 9

Renneberg, B.: Hochzeit als Kündigungsgrund.(Arb R,1956,H.2, S.55-56)

Rühl,H.: Zur Verordnung über die Sozialversicherung der Arbeiter und Angestellten.(A.u.S.,1956,H.21, S.670-671)

Schaum, G.: Die Internationale Arbeitsorganisation, ihre Ziele und Zwecke. (Arb R,1956,H.1, S.9-11)

Schmack, O.: Nochmals:"Wegeunfälle im Sinne der Sozialversicherung". (A.u.S.,1956,H.17, S.542-543)

Schneider,F.: Über einige Änderungen im Sozialversicherungsverfahren.(A.u.S.,1956,H.22, S.693-695)

Schneider, R.: Zu einigen Fragen des Arbeitsrechts und der Arbeitsrechtswissenschaft. (Arb R,1956,H.1, S.2-4)

Sebek,O.: Zur Frage der vorzeitigen Entlassung des Beschäftigten wegen Krankheit, Unfall oder Niederkunft. (Soc.zák.,1956,H.4, S.225-229)

Pätzold,E.: Arbeitsvertrag und Arbeitsrechtsverhältnis.(Arb R, 1956,H.2, S.29-33)

Paul,H.: Zur Änderung des Arbeitsvertrages mittels Kündigung. (A.u.S.,1956,H.19, S.597-601)

Paul,H.: F.Kunz;W.Tippmann, Die Entwicklung des Arbeitsrechts in Deutschland. Berlin 1956. (Rez.).(A.u.S.,1956,H.21,S.666-667)

Tippmann,W.: Zur Frage der Zulässigkeit der Änderungskündigung. (A.u.S.,1956,H.20, S.630-635)

Witz,K.;I.Tomeš: Die Bedeutung des XX.Parteitages für die Aufgaben und die weitere Entwicklung des Arbeitsrechts. (Soc.zák.,1956,H.5; deutsch: RID,1956,H.22, Sp.645-658)

20.Internationales Privatrecht

Keine Eingänge

21.Sonstiges

Für die Verbesserung der juristischen Ausbildung in der UdSSR. (Sov.gos.pravo,1956,H.8, S.3-12)

Nathan,H.: Die Gesetzgebung der Deutschen Demokratischen Republik. (NJ,1956,H.21, S.659-662)

Seifert,H.: Die Einhaltung der Praktikantenordnung - eine Frage der Gesetzlichkeit in der Kaderarbeit.(NJ,1956,H.22, S.684-685)

Wiemann,H.: 6.Kongreß der IVDJ: Berichte der Sektionen über ihre Tätigkeit.(Mtbl.VDJD,1956,H.4, S.5-14)

B. BIBLIOGRAPHIE AUS ZEITSCHRIFTEN DER DEUTSCHEN BUNDESREPUBLIK

Diese Bibliographie enthält eine Auswahl einschlägiger Artikel aus folgenden Zeitschriften: 1)

AG	= Der Arbeitgeber, Düsseldorf	1956,H.18-21
AöR	= Archiv des öffentlichen Rechts, Tübingen	1956,H.2
ArbuR	= Arbeit und Recht, Köln	1956,H.9-10
ARSP	= Archiv für Rechts- und Sozialphilosophie, Meisenheim/Glan	1956,Bd.42,H.3
ASP	= Arbeit und Sozialpolitik, Bonn	1956,H.10-11
AUSS.POL.	= Außenpolitik, Stuttgart	1956,H.9-10
B	= Der Betrieb, Düsseldorf	1956,H.36;39-47
BB	= Der Betriebs-Berater, Heidelberg	1956,H.26-31
DÖV	= Die Öffentliche Verwaltung, Stuttgart ..	1956,H.17-21
DRiZ	= Deutsche Richterzeitung, Köln, Berlin ..	1956,H.10-11
DVBl.	= Deutsches Verwaltungsblatt,Köln,Berlin .	1956,H.17;19-20
DWW	= Deutsche Wohnungswirtschaft, Düsseldorf.	1956,H.9-10
EA	= Europa-Archiv, Frankfurt/M.	1956,H.18-21
FamRZ	= Ehe und Familie im privaten und öffentlichen Recht, Bielefeld	1956,H.9-11
FR	= Finanz-Rundschau, (Deutsches Steuerblatt) Köln	1956,H.18-21
GAStr	= Goltdammer's Archiv für Strafrecht, Hamburg	1956,H.9-10
Gew.Mon.H.	= Gewerkschaftliche Monatshefte, Köln	1956,H.10
GRUR	= Gewerblicher Rechtsschutz und Urheberrecht, Weinheim	1956,H.9-10
GRUR Ausl.	= Gewerblicher Rechtsschutz und Urheberrecht, Auslands- und Internationaler Teil, Weinheim	1956,H.8-9
Int.Arb.Mtlgn.	= Internationale Arbeitsmitteilungen, Mehlem	1956,H.16
JZ	= Juristenzeitung, Tübingen	1956,H.18-20, 20a-21
Krim.	= Zeitschrift für die gesamte kriminalistische Wissenschaft und Praxis, Hamburg ..	1956,H.1-11
Mbl.freiheitl.Wipol.	= Monatsblätter für freiheitliche Wirtschaftspolitik, Frankfurt/M.	1956,H.8-11
MDR	= Monatsschrift für Deutsches Recht, Hamburg	1956,H.10-11

Mitbest.	= Die Mitbestimmung, Hamburg	1956,H.5
MschrKrim.	= Monatsschrift für Kriminologie und Strafrechtsreform, Berlin, Köln ...	1956,H.3-4; Sonderheft
N.Abendl.	= Neues Abendland, Jahrbuch für Politik und Geschichte, München	1956,H.2-3
N.Gesellschaft	= Die Neue Gesellschaft, Bielefeld	1956,H.5
NJW	= Neue Juristische Wochenschrift, München, Berlin	1956,H.35;38-45
Öff.D.	= Der Öffentliche Dienst, Düsseldorf	1956,H.9-10
	Politische Studien, Monatshefte der Hochschule für Politische Wissenschaften, München	1956,H.76-78
RdA	= Recht der Arbeit, München, Berlin .	1956,H.9-10
RdJ	= Recht der Jugend, Berlin	1956,H.19-22
RiW	= Recht der internationalen Wirtschaft, Heidelberg	1956,H.4
RLA	= Rundschau für den Lastenausgleich, Hamburg	1956,H.17-21
SAE	= Sammlung Arbeitsrechtlicher Entscheidungen, Düsseldorf	1956,H.9
SchlHA	= Schleswig-Holsteinische Anzeigen, Kiel	1956,H.9-10
SCHM.JB.	= Schmollers Jahrbuch für Gesetzgebung, Verwaltung und Volkswirtschaft,Berlin	1956,H.5
SGb.	= Die Sozialgerichtsbarkeit, Wiesbaden	1956,H.9-10
SKV	= Staats- und Kommunalverwaltung,Berlin	1956,H.10
Soz.Sicherh.	= Soziale Sicherheit, Zeitschrift für Sozialpolitik, Köln	1956,H.10-11
TW	= Die Teilzahlungswirtschaft,Dprtmund	1956,H.5
	Universitas, Zeitschrift für Wissenschaft, Kunst und Literatur,Stuttgart	1956,H.9-10
UFITA	= Archiv für Urheber-, Film-, Funk- und Theaterrecht, Baden-Baden	1956,H.3-4
UStR	= Umsatzsteuer Rundschau, Köln	1956,H.18-21
WRP	= Wettbewerb in Recht und Praxis,Frankfurt/Main	1956,H.9-10
WuW	= Wirtschaft und Wettbewerb,Düsseldorf	1956,H.9-10
Z.ausl.öff.R.u.VR.	= Zeitschrift für ausländisches öffentliches Recht und Völkerrecht, Stuttgart, Köln	1956,Bd.17,H.2
ZLR	= Zeitschrift für Luftrecht, Berlin, Köln	1956,Bd.5,H.1-4 Sonderbeilage zu 3
ZMR	= Zeitschrift für Miet- und Raumrecht, Düsseldorf	1956,H.10-11
Z.POLIT.	= Zeitschrift für Politik, Berlin ...	1956,H.1

ZSR	= Zeitschrift für Sozialreform, Wiesbaden	1956,H.9-10
ZV u.ZV	= Zeitungs-Verlag und Zeitschriften-Verlag, Wiesbaden	1956,H.14-18; 19-20 (Sonderausgabe)
ZZP	= Zeitschrift für Zivilprozeß, Berlin ..	1956,Bd.69,H.4

1) Die hier aufgeführten Hefte sind gemäß der Benutzungsordnung der Bibliothek des Deutschen Instituts für Rechtswissenschaft bedingt ausleihfähig.

1. Soziologie, allgemeine Staatslehre, Rechtsphilosophie [1)]

Arndt,C.: Die Bundesrepublik Deutschland als sozialer Rechtsstaat. (N.Gesellschaft,1956,H.5, S.326-333) 4

Below,F.: Natürliche und soziale Strukturmerkmale europäischer Völker. (EA,1956,H.20,S.9250-9258; H.21,S.9289-9294)

Blank, H.: Europas vergessene Soldaten.(N.Abendl.1956,H.2, S.169-176)

Carlson,B.C.: Strenger Normativismus. (ARSP,1956,Bd.42,H.3, S.329-350)

Dethleffsen,E.: Staat, Jugend und Verteidigung. (AUSS.POL.,1956, H.9, S.548-558) 4

Franzel, E.: Versuch einer Deutung des Konservativen.(N.Abendl. 1956,H.2, S.153-168) 2

Habsburg,O.von: Gedanken zur Staatsform. (N.Abendl.1956,H.2, S.111-120)

Haußmann,W.: Recht,Rechtsbewußtsein und Juristen in unserer Zeit. (DRiZ,1956,H.11, S.238-239)

Klein,R.;O.Bachof: Ermessen und Sprachgebrauch. (JZ,1956,H.19, S.588-591)

Krüger,H.: Rechtsstaatliche Gesetzgebungstechnik.(DÖV,1956,H.18, S.550-555) 4,5

Kuehnelt-Leddihn, E.von: Neukonservatismus und Neuliberalismus. N.Abendl.1956,H.2, S.121-134)

Martin,A.von: Die Intelligenz und die heutige Gesellschaft. (Universitas,1956,H.10, S.1o69-1o76)

Merkatz,H.-J.von: Das Recht und die Pflicht zu konservativer Politik. (N.Abendl.1956,H.2, S.107-110)

Reuß,H.: Weltanschauung, Politik und Recht. (DÖV,1956,H.18, S.563-566)

Winckelmann,J.: Die Herrschaftskategorien der politischen Soziologie und die Legitimität der Demokratie. (ARSP,1956,Bd.42,H.3, S.383-401)

Zimmermann,Th.: Der Wortlaut des Gesetzes im Spiegel höchstrichterlicher Rechtsprechung.(NJW,1956,H.35, S.1262-1264)

1) Die nach der Fundstelle eines Artikels angegebenen Zahlen verweisen auf die Bedeutung dieses Artikels auch für andere Fachgebiete entsprechend der hier zugrunde gelegten Systematik.

2.Staats-und Rechtsgeschichte

Kroll,G.: Heiliges oder unheiliges Reich? Bemerkungen zu Friedrich Heers abendländischer Geschichtsdeutung.(N.Abendl.,1956,H.2, S.135-152) 1

Mathiopoulos,B.: Entwicklung der deutsch-griechischen Beziehungen. (AUSS.POL.,1956,H.9, S.573-577) 2

Sexau,R.: Die "wilhelminische" Epoche. (N.Abendl.,1956,H.3, S.265-278)

Stehle, H.: Motive des Reichskonkordates. (AUSS.POL.,1956,H.9, S.558-564)

Thimme, A.: Die Locarnopolitik im Lichte des Stresemann-Nachlasses. (Z.POLIT.,1956,H.1, S.42-63) 2

3.Völkerrecht und Außenpolitik

Briefwechsel zwischen Präsident Eisenhower und Ministerpräsident Bulganin zur Abrüstungsfrage. (EA,1956,H.20, S.9260-9262)

Abs,H.J.: Der Schutz wohlerworbener Rechte im internationalen Verkehr als europäische Aufgabe. Betrachtungen zur Entwicklung der Suezkrise.(RiW,1956,H.4, (Beil.),S.1-7)

Dokumente zur Frage des amerikanisch-isländischen Verteidigungsabkommens. (EA,1956,H.19, S.9225-9228)

Anthon, C.G.: Die Aussenpolitik der USA im Mittleren Osten. (Z.POLIT.,1956,H.1, S.18-41)

Böhme, K.-H.: Lufthoheit und Weltraumflug. (ZLR,1956,H.3,S.184-197)

Borries,K.: Das Dilemma der Oder-Neiße-Linie.(AUSS.POL.,1956,H.10, S.650-653)

Cooper, J.C.: Rechtliche Probleme des Weltraums.(ZLR,1956,H.3, S.171-183)

Die Ergebnisse des Staatsbesuchs von Bundeskanzler Dr.Adenauer in Brüssel. Deutsch-belgisches Kommuniqué vom 25.September 1956. (EA,1956,H.20, S.9259)

Abkommen zwischen der Bundesrepublik Deutschland und dem Königreich Schweden über deutsche Vermögenswerte in Schweden. Vom 22. März 1956. (GRUR Ausl.,1956,H.8/9, S.356-357)

Heiser,H.J,: Die Tätigkeit des Ständigen Rüstungsausschusses und des Rüstungskontrollamtes der Westeuropäischen Union.(EA,1956, H.19, S.9213-9216)

Herlitz, N.: Nordischer Gedanke und nordische Gemeinschaft. (AUSS.POL.,1956,H.10, S.628-639)

Lipkowski,J.de: Gefährdete Stellung Frankreichs in Nordafrika. (AUSS.POL.,1956,H.9, S.578-589) 4

Abkommen über den Luftverkehr zwischen der Bundesrepublik Deutschland und den Vereinigten Staaten von Amerika. (ZLR,1956,H.3, S.220-231)

Nishijima, Y.: Die politische Entwicklung in Japan seit dem Friedensvertrag von 1951 unter besonderer Berücksichtigung der außenpolitischen Probleme. (EA,1956,H.21, S.9277-9287) 4

Raab,J.: Die österreichische Aussenpolitik.(AUSS.POL.,1956,H.10, S.617-627)

Riese,O.: Die internationale Luftprivatrechtskonferenz im Haag zur Revision des Warschauer Abkommens, September 1955.(ZLR,1956,H.1, S.4-45) 12

Die Ergebnisse der sowjetisch-japanischen Verhandlungen in Moskau vom 13.bis zum 19.Oktober 1956. (EA,1956,H.21, S.9287-9288)

Dokumente zur Frage des Suezkanals. Der Verlauf der Londoner Suez-Konferenz vom 16.bis zum 23.August 1956 und der anschließenden Besprechungen in Kairo. (EA,1956,H.18, S.9175-9194; H.19, S.9223-9225) 4

Suliak,H.: Die Beziehungen der islamischen Staaten zum Vatikan. (AUSS.POL.,1956,H.10, S.653-657)

Tončić-Sorinj,L.: Der Kampf um den Persischen Golf. (EA,1956,H.20, S.9239-9249)

Tončić-Sorinj,L.: Die österreichische Neutralität.(Politische Studien,1956,H.78, S.1-6)

4.Staatsrecht

Bachsmann, H.: Über die staatsrechtliche Ermächtigung zum Abschluß zwischenstaatlicher Vereinbarungen.(DVBl.,1956,H.21, S.747-750) 2

Memorandum der Bundesregierung vom 2.September 1956 zur Frage der Wiederherstellung der deutschen Einheit. (EA,1956,H.19, S.9217-9222)

Döll, W.: Verfassungs- und verwaltungsrechtliche Fragen aus Anlaß der Errichtung der Bundesbank. (DVBl.,1956,H.19, S.665-669) 5,6

Dürig, G.: Der Grundrechtssatz von der Menschenwürde.(AöR,1956, Bd.81,H.2, S.117-157)

Forsthoff, E.: Zur neuen Rechtsprechung des Bundesverfassungsgerichts. (DÖV,1956,H.17, S.513-517)

Freudling,F.: Rechtsfragen zu Art.135 GG. (NJW,1956,H.43, S.1577-1580) 6

Gieseke,P.: Die Zuständigkeit der Länder zur Gründung von Wasser- und Bodenverbänden durch Sondergesetze.(DÖV,1956,H.21,S.645-650) 2

Gross, W.: Betrachtungen.(Zum Urteil des Bundesverfassungsgerichts im Verbotsprozeß gegen die KPD).(DVBl.,1956,H.18, S.641-644)

Herrmann, W.: Ist die Verordnung zur Bekämpfung übertragbarer Krankheiten ein förmliches Gesetz i.S.des Art.104 Abs.1 Grundgesetz? (DVBl.,1956,H.18, S.638-639)

Heydte,F.A.von der: Verfassung und Gewerbefreiheit.(Politische Studien,1956,H.76, S.7-21) 5

Hoffmann, W.: Die Regelung der Staatsangehörigkeitsfragen zwischen Deutschland und Österreich. (DVBl.,1956,H.17, S.594-597) 3

Knoll,E.: Eingriffe in das Eigentum im Zuge der Umgestaltung gesellschaftlicher Verhältnisse. Zur Lehre vom Eigentum, der Enteignung und Entschädigung.(AöR,1956,Bd.82,H.2, S.157-194) 5,10

Korte, H.: Zur Stellung der Rechnungshöfe. (Staatsrechtliche Bemerkungen zur Änderung der Vorläufigen Niedersächsischen Verfassung). (JZ,1956,H.21, S.684-686) 6

Krüger,H.: Kritische Bemerkungen zur Gesetzgebungstechnik. (DVBl.,1956,H.20, S.711-712)

Krüger,H.: Die negative Koalitionsfreiheit.(BB,1956,H.30, S.969-972) 16

Krüger,H.: Grundrechtsausübung durch Jugendliche (Grundrechtsmündigkeit) und elterliche Gewalt.(FamRZ,1956,H.11,S.329-335) 14

Langensiepen, G.: Parteiverbot und Mandatsverlust.(DVBl.,1956,H.20, S.701-703)

Leibholz,G.: Verfassungsgerichtsbarkeit im demokratischen Rechtsstaat.(Z.POLIT.,1956,H.1, S.1-17)

Obermayer,K.: Redhtsprobleme des Gesetzes über den Personalgutachterausschuß für die Streitkräfte.(DVBl.,1956,H.19, S.674-677)

Olzog, G.: Ein Jahr Personalgutachterausschuß. (Politische Studien, 1956,H.77, S.43-46)

Röhl,H.: Die Nennung des eingeschränkten Grundrechts nach Art. 19 Abs.1 Satz 2 des Grundgesetzes.(AöR,1956,Bd.81,H.2,S.195-214)

Rothe,W.: Illusionen im Wahlrechtsstreit? (N.Gesellschaft,1956,H.5, S.381-388)

Schätzel,W.: Zur Regelung der deutsch-österreichischen Staatsangehörigkeitsfragen. (DÖV,1956,H.17, S.517-521) 3

Schoeps,H.J.: Das Reich und die Wiederkehr Preußens. (N.Abendl., 1956,H.3, S.255-258) 2

Tagung der Staatsrechtslehrer in Mainz.(DÖV,1956,H.21, S.658-661)

Strickrodt,G.: Zur Präzisierung verfassungsrechtlicher Gesichtspunkte in der Karteldebatte. (WuW,1956,H.9, S.575-581) 12

Thilenius, R.: Beseitigung politischer Tabus.(Voraussetzungen einer deutschen Wiedervereinigungspolitik).(AUSS.POL.,1956,H.10, S.640-649)

Thomas, E.: Der neue Verfassungsgerichtshof.(Italien).(Z.ausl.öff. R.u.VR.,1956,Bd.17, H.2, S.327-343)

Wenger,P.W.: Föderalismus - deutsches und europäisches Schicksal. (N.Abendl.,1956,H.3, S.245-253)

Winterfeld, A.von: Das Potsdamer Abkommen, das Grundgesetz und die Wiedervereinigung Deutschlands.(EA,1956,H.19, S.9203-9212)

Winterfeld, A.von: Grundlagen und Grenzen des Widerstandsrechtes. (NJW,1956,H.39, S.1417-1420) 1

Zetzschke,W.: Parteien und öffentliche Wirtschaft in der Bundesrepublik. (Gew.Mon.H.,1956,H.10, S.577-585) 5

5.Verwaltungsrecht und Verwaltungsgerichtsverfahren

Becker, H.: Subvention und Garantie der freien Schule.(DÖV,1956, H.19-20, S.601-605)

Becker, W.: Das Gesetz über das gerichtliche Verfahren bei Freiheitsentziehungen und seine Auswirkung auf die Jugendhilfe.(RdJ,1956, H.20, S.307-309)

Bergmann,B.: Die Schule im Spannungsfeld von Staat und Gemeinde. (DÖV,1956,H.19-20, S.590-593)

Birckholtz, H.: Das Schulverwaltungsgesetz in Hamburg.(DÖV,1956, H.19-20, S.617-619)

Bitter, von: Die Abgeltung nach dem Bundesleistungsgesetz.(BB,1956, H.31, S.1014-1016) 6

Brüggemann: Institutionelle Rechtsgrundlagen der Jugendämter kreisangehöriger Städte und Gemeindeverbände. (Zbl.JugR,1956,H.9, S.228-234)

Bundeswirtschaftsrat - überflüssig und gefährlich.(Mbl.freiheitl. Wipol.,1956,H.9, S.556-558)

Ehlers,E.B.: Das Verwaltungsstreitverfahren wegen Gewährung von Aufbaudarlehen. (NJW,1956,H.38, S.1379-1382)

Engelhard: Anfechtungsklage - Vornahmeklage. (NJW,1956,H.38, S.1377-1379)

Forschbach, E.: Das Bundesleistungsgesetz. (B,1956,H.43, S.1005-1007) 6

Gerth,E.: Probleme der Verwaltungsreform. (Öff.D.,1956,H.10,S.186-188)

Glatz: Die Entwicklung des öffentlichen Rechts in Hamburg im 1. Halbjahr 1956. (DVBl.,1956,H.18, S.644-646) 4,6

Gönnenwein, O.: Zu einigen Fragen des heutigen Gemeinderechts. (AöR,1956,Bd.81,H.2, S.214-240)

Häusler, W.: Das Bundesleistungsgesetz. (DWW,1956,H.10, S.220-223) 6

Hartmann: Zum Begriff "Vorteil oder Nachteil" beim Ausschluß von ehrenamtlicher Kommunaltätigkeit wegen Interessenkollision. (DVBl.,1956,H.20, S.708-711)

Haueisen: Die Rechtsgrundlage der Vollstreckung des Verwaltungsaktes. (NJW,1956,H.40, S.1457-1460)

Heckel,H.: Heutiger Stand und künftige Aufgaben des Schulrechts. (DÖV,1956,H.19-20, S.585-590)

Hirschmann, K.: Zur Frage der rechtsgleichen Wiederverwendung. (Zu § 19 Abs.1 des Gesetzes zur Regelung der Rechtsverhältnisse der unter Art.131 des GG fallenden Personen v.28.2.1956). (SchlHA,1956,H.9, S.257-259)

Hochstetter,H.: Koordinierung des Schulwesens in Baden-Württemberg. (DÖV,1956,H.19-20, S.619-621)

Holle,R.: Das Bundeskriminalamt. (Krim.,1956,H.9, S.303-306; H.10, S.352-355; H.11, S.387-390) 8

Jess,H.: Die Not der Kriminalpolizei. (Krim.,1956,H.5, S.149-153)

Kessler,E.: Die Rechtsprobleme der Höheren Schulen in Bayern. (DÖV,1956,H.19-20, S.605-608)

Kipp,H.: Zum Problem der Förderung der Wissenschaften durch den Bund. (DÖV,1956, H.18, S.555-563)

Kroemer: Die Entwicklung des öffentlichen Rechts in Niedersachsen im 2.Halbjahr 1955. (DVBl.,1956,H.17, S.613-616) 6

Marx, F.M.: Freiheit und Bürokratie. Zur Natur des Amtsschimmels. (ARSP,1956,Bd.42, H.3, S.351-382) 4

Müller,H.: Sammel-Rechtsbehelfe. (DVBl.,1956,H.18, S.639-641)

Muthesius,V.: Wir brauchen keine Wohnungsämter mehr. (Mbl.freiheitl. Wipol.,1956,H.11, S.674-675) 10

Naumann, R.: Zur Rechtsprechung des Bundesverwaltungsgerichts. (DÖV,1956,H.18, S.545-549)

Obermayer,K.: Die Übertragung von Hoheitsbefugnissen im Bereich der Verwaltungsbehörden. (JZ,1956,H.20/20a, S.625-630) 4

Roedenbeck, H.-Ch.: Die Entwicklung des öffentlichen Rechts in Berlin im 1.Halbjahr 1956. (DVBl.,1956,H.21, S.755-758) 4,6

Saleh,D.: Allgemeine Übersicht über die Entwicklung der ägyptischen Luftfahrtgesetzgebung. (ZLR,1956,H.2, S.114-117) 3

Schack,F.: Das Entschädigungsmaß des § 70 Pr.PVG und der entsprechenden Bestimmungen der neuen Polizeigesetze.(DVBl.,1956,H.19, S.669-674)

Schäck, E.: Die Grundzüge des neuen Volksschulrechts in Rheinland-Pfalz. (DÖV,1956,H.19-20, S.593-598)

Schoeneberger, A.: Die Entwicklung des öffentlichen Rechts in Rheinland-Pfalz im 1.Halbjahr 1956. (DVBl.,1956,H.19, S.679-681) 6

Schrödter: Die prozessuale Behandlung der Vornahmeklage. (DVBl., 1956, H.21, S.750-752)

Schütz, E.: Befähigung zum höheren Verwaltungsdienst.(Öff.D.,1956, H.9, S.163-167) 19

Schütz,E.: Zeitbeamte-Ehrenbeamte. (Öff.D.,1956,H.10, S.181-186)

Schütz, E.: Der Verwaltungsakt - Außerkrafttreten und Beseitigung. (Öff.D.,1956,H.6, S.102-106)

Schweer,D.: Die Pflichtaufgaben nach Weisung nach der Gemeindeordnung von Nordrhein-Westfalen. (DVBl.,1956,H.20, S.703-708)

Sellschopp,H.: Der schleswig-holsteinische Entwurf eines Schulunterhaltungs- und -verwaltungsgesetzes. (DÖV,1956,H.19-20, S.613-617)

Thierfelder, H.: Die Entwicklung des öffentlichen Rechts in Baden-Württemberg im 1.Halbjahr 1956. (DVBl.,1956,H.20, S.714-716) 6,9

Tagung der Vereinigung der Verwaltungsgerichtspräsidenten für das Bundesgebiet i.J.1956. (DÖV,1956,H.21, S.661-663)

Werner, C.A.: Verwaltungsprobleme im Berliner Schulrecht.(DÖV,1956, H.19-20, S.609-612)

Weyreuther,F.: Zur Zulässigkeit der Anfechtungsklage gegen einen ablehnenden Bescheid. (DVBl.,1956,H.18, S.633-636)

Willems, F.: Zum Entwurf eines Atomgesetzes. (ArbuR,1956,H.9, S.264-267) 16

Winkelmann,A.: Zu den Entwürfen eines Bundesbaugesetzes. (DÖV,1956, H.21, S.650-657)

Gegen Wirtschaftswerbung durch öffentliche Rundfunkanstalten. (ZV u.ZV,1956,H.15, S.539-541) 4,12

6.Finanz-,Steuer-u.Preisrecht(einschließlich Finanzgerichtsverfahren)

Binder, P.: Die Inflationsbekämpfung in den europäischen Nationalwirtschaften. (EA,1956,H.18, S.9165-9170)

Brockhoff: Gedanken zur Rentenbesteuerung. (FR,1956,H.20,S.438-440)

Der Bundesbankgesetz-Entwurf. (AG,1956,H.19, S.606-608)

Conrad, J.: Die Behandlung der Verpflichtungen nach dem Gesetz zu Art.131 GG in den Bilanzen der Betriebe der öffentlichen Hand. (B,1956,H.39, S,898-900) 5

Goltz,H.: Einfluß des Devisenrechts auf Zivilprozeß und Zwangsvollstreckung. (B,1956,H.44,(Beil.), S.1-8) 15

Herder: Geschädigteneigenschaft und Vertreibungszeitpunkt. (RLA,1956,H.19, S.293-295)

Heuer, G.: Die Bedeutung einer Genehmigung im Steuerrecht.(FR,1956, H.20, S.434-436)

Hillert,A.: Zur Behandlung von Abfindungen im Steuer- und Arbeitsrecht. (BB,1956,H.29, S.965-966) 16

Hoorn,J.van: Unilaterale Maßnahmen gegen die internationale Doppelbesteuerung. (RiW,1956,H.4, S.105-109)

Hübschmann, W.: Vier Jahrzehnte Umsatzbesteuerung in Deutschland. (UStR,1956,H.19, S.145-153)

Ipsen,H.P.: Öffentliche Subventionierung Privater. (DVBl.,1956, H.17, S.602-613)

Kuhn,R.: Die Ablösung der alliierten Devisengesetze durch ein deutsches Außenwirtschaftsgesetz. (BB,1956,H.31, S.1005-1009)

Kussin: Abschluß der Rechtsverordnungen zur Hypothekengewinnabgabe. (RLA,1956,H.17, S.257-265)

Müller: Die weiteren Auswirkungen des 2. Wohnungsbaugesetzes auf den Lastenausgleich. (RLA,1956,H.18, S.276-280)

Ostendorf: Die Bedeutung der drei Abkommen mit Schweden vom 22. März 1956 beim Lastenausgleich und bei anderen Steuern.(RLA,1956, H.18, S.273-276)

Reinhard, H.: Erlaß der Hypothekengewinnabgabe-Leistungen wegen wirtschaftlicher Bedrängnis des Abgabeschuldners. Verwaltungsanordnung zu § 131 LAG. (DWW,1956,H.9, S.193-197;H.10, S.233-236)

Schmidtchen: Ausgewählte Fragen zur Berechnung der Hauptentschädigung. (RLA,1956,H.19, S.289-292)

Simmel, F.: Es gibt keine finanzpolitische "Automatik".(Bundeshaushalt 1956). (Mbl.freiheitl.Wipol.,1956,H.11, S.664-667)

Strickrodt, G.: Finanzpolitik aus einem Guß! (Mbl.freiheitl.Wipol., 1956,H.9, S.538-541)

Theis, J.: Das Nachholverbot bei Pensionsrückstellungen.(FR,1956, H.20, S.444-446)

7.Strafrecht,Strafprozeß

Ahrens, H.: Änderungen des Steuerstrafrechts. (SchlHA,1956,H.10, S.281-283) 6

Ancel,M.: Die geistigen Grundlagen der Lehren von der "Sozialen Verteidigung" (Défense Sociale). (MschrKrim,1956,Sonderheft,S.51-58)

Arndt,A.: Technik, Justiz und Grundrechte. (N.Gesellschaft,1956, H.5, S.338-343) 4

Bauer,F.: Das Menschenbild im Strafrecht.(N.Gesellschaft,1956,H.5, S.333-338)

Bode,H.J.: Strafbare Verletzung der "Zahlvaterpflicht"? (NJW,1956, H.39, S.1428-1429) 14

Börker, R.: Aussetzung der Hauptverhandlung wegen Wechsels des notwendigen Verteidigers. (MDR,1956, H.10, S.578-580)

Bschor,F.: Zur Psychologie des Raubtäters. (MschrKrim,1956,H.3-4, S.111-126)

Carspecken, F.: Die älteren Jungen - Probleme und Hilfsmöglichkeiten. Eine sachliche Betrachtung zur Frage der "Halbstarken". (RdJ,1956,H.19, S.289-291)

Dallinger, W.: Aus der Rechtsprechung des Bundesgerichtshofes in Strafsachen. Entscheidungen aus dem Jahre 1956. (MDR,1956,H.11, S.649-652)

Dreher, E.: Was bedeutet Milderung der Strafe für den Versuch? (JZ,1956,H.21, S.682-683)

Fuchs; Ullmann: Widerruf früherer Aussagen im Strafverfahren. (Krim.,1956,H.6, S.196-199; H.7, S.237-239) 8

Gay,W.: Probleme der Strafrechtsreform.(Stellung der Staatsanwaltschaft).(Krim.,1956,H.6, S.203-204) 9

Grassberger, R.: Gibt es eine verbrecherische Veranlagung? (Krim.,1956 H.4, S.113-116; H.5, S.153-158)

Haase,W.: Die Revisionserstreckung. (Rechtsfragen des § 357 StPO). (GAStr,1956, H.9, S.273-288)

Hartung, F.: Rechtsbeugung im Besteuerungs- und im Steuerstrafverfahren. (FR,1956,H.18, S.390-394)

Haupt, F.: Die Problematik einer Statistik des Verbrechens. (Krim.,1956,H.1, S.9-11)

Heintz,P.: Einige theoretische Ansätze zu einer Soziologie der kriminellen Angriffe gegen die Person. (MschrKrim,1956, Sonderheft, S.3-20)

Hillebrand,R.: Nochmals: Das eigenständige Verbrechen - ein überflüssiger Begriff? (NJW,1956,H.35, S.1268-1270)

Holle, R.: Die Polizeiliche Kriminalstatistik 1955.(Krim.,1956, H.6, S.189-196)

Janetzke,G.: Staatsanwaltschaft und Kriminalpolizei.(Krim.,1956, H.7, S.231-234) 5

Jescheck, H.H.: Verhütung von Straftaten gegen das Leben und die Körperintegrität - begangen durch Fahrlässigkeit.(MschrKrim,1956, Sonderheft, S.38-50)

Jung,H.: Wehrdienst und Bewährungshilfe. Läßt sich die Jugendkriminalität durch den Wehrdienst verringern? (RdJ,1956,H.19, S.297-299)

Kalthoener, E.: Die Abgrenzung von Täterschaft und Teilnahme in der Rechtsprechung des Bundesgerichtshofes. (NJW,1956,H.45, S.1662-1665)

Koch,F.W.: Zur fortgesetzten Fahrlässigkeitstat. (NJW,1956,H.35, S.1267-1268)

Langemann, H.: Verbrecherorganisationen. Ein Beitrag zur Frage der sogen.Ring-und Sparvereine. (Krim.,1956,H.9, S.315-318)

Lohmeyer, H.: Dauervergehen im Steuerstrafrecht. (NJW,1956,H.42, S.1546-1547) 6

Maurach,R.: Zum subjektiven Tatbestand der §§ 176 Nr.1, 177 StGB. (GAStr,1956,H.10, S.305-309)

Michalke, H.: Ladung und Vernehmung: kriminalpolizeiliche Zwangsrechte? (Krim.,1956,H.3, S.76-81)

Middendorff, W.: Die Heranwachsenden und der Jugendrichter.(RdJ,1956, H.19, S.292-293)

Mielke, M.: Keine Kriminalstrafen für ehrenhafte jugendliche Rechtssünder. (RdJ,1956,H.20, S.316-317)

Mortzfeldt: Gefahren, die mit der Beschränkung der Berufung auf das Strafmaß verbunden sind. (NJW,1956,H.43, S.1586-1587)

Müller, K.F.W.: Straftaten älterer Jungen. (RdJ,1956,H.20, S.310-311)

Nowakowski, F.: Tatherrschaft und Täterwille. (JZ,1956,H.18,S.545-550)

Oehler, D.: Die amtliche Verfolgung der leichten vorsätzlichen und fahrlässigen Körperverletzung.(JZ,1956,H,20/20a, S.630-633)

Pohlmann: Der Wochenendvollzug. (NJW,1956,H.41, S.1507-1508)

Potrykus, G.: Zur Kriminalstatistik für 1955. (RdJ,1956,H.19,S.302-303)

Röhl,H.: Hauptverhandlungsprotokoll auf Tonband? (JZ,1956,H.19, S.591-593)

Roestel: Ist das Strafmündigkeitsalter für Jugendliche zu niedrig? (NJW, 1956,H.38, S.1383-1384)

Schäfer,H.: Straftaten ohne Motiv? Ein Beitrag zum Problem der Motivermittlung bei abartigen Straftaten. (Krim.,1956,H.1,S.28-30) 8

Schäfer, H.: Die Selbsttäuschung der Okkulttäter.(GAStr,1956,H.9, S.289-292)

Schaffstein, F.: Die Kriminalität der Jugendlichen, Heranwachsenden und Jungerwachsenen in Niedersachsen von 1948-1955. MschrKrim,1956,H.3-4, S.126-139)

Scheunemann, O.: Der besondere Vollstreckungsleiter gemäß § 85 Abs. 2 JGG. (RdJ,1956,H.19, S.295-297)

Schlotheim, H.H.von: Das Sühneerlebnis in dichterischer Gestalt. (Sühnegehalt der Strafe). (RdJ,1956,H.19, S.299-300;H.20,S.312-313;H.21, S.329-333;H.22,S.347-350)

Schnitzerling, M.: In dubio pro reo bei der strafrechtlichen Einordnung in eine Altersgruppe. (NJW,1956,H.38, S.1384-1385)

Schwinge, E.: Zur Reform des Beleidigungsrechts. (GAStr,1956,H,10, S.309-315)

Seibert, C.: Zum fahrlässigen Betrug. (NJW,1956,H.40,S.1466-1467)

Mindestprogramm der Internationalen Gesellschaft für soziale Verteidigung. (MschrKrim, 1956,Sonderheft, S.58-60)

Stutte,H.: Zur Frage der heilerzieherischen Behandlung i.S. von § 10 Abs. 2 des Jugendgerichtsgesetzes.(MschrKrim,1956,H.3-4, S.103-111)

Vogel,K.-H.: Die Zulässigkeit der Untersuchungshaft bei Verfahren, in denen auf Unterbringung in einem Arbeitshaus erkannt werden kann. (NJW,1956,H,41, S.1508-1510)

Weimar, W.: Darf sich der Luftfahrer im Notstand auf § 54 StGB berufen? (ZLR,1956,H.2, S.107-113)

Werner, E.: Das Opfer des Mordes - eine kriminologische Studie. (Krim.,1956,H.1, S.2-5) 8

Werner, R.: Amerikanische Nachbarschaftsbestrebungen zur Verminderung der Jugendkriminalität. (RdJ,1956,H.19, S.301-302)

Würtenberger, Th.: Défense sociale - Ziele und Wege einer neuen kriminalpolitischen Bewegung. (MschrKrim,1956, Sonderheft, S.60-65)

Würtenberger, Th.: Kriminologie - die Wissenschaft vom Verbrechen. (Universitas,1956,H.9, S.951-961)

8.Kriminalistik,Gerichtliche Medizin, Gerichtspsychiatrie-psychologie

Dickopf,P.: Neue alte Interpol. Die internationale kriminalpolizeiliche Organisation - 25.Generalversammlung, Wien 1956. (Krim.,1956,H.7, S.229-231)

Frei,M.: Moderne Methoden der Tatbestandsaufnahme bei Verkehrsunfällen und Verbrechen. (Krim.,1956,H.9, S.312-315)

Frei,M.: Farbphotographie im Dienste der Kriminalistik.(Krim.,1956, H.1, S.16-23)

Gumbel, B.: Psychopathie und strafrechtliche Verantwortlichkeit. (Krim.,1956,H.10, S.349-351)

Louwage, F.E.: Psychologie und Kriminalität. (Krim.,1956,H.11, S.391-393) 7

Suttinger,G.: Psychologische Kriterien für die Anwendung des § 105 Abs. I, Ziff 1,des Jugendgerichtsgesetzes. (MschrKrim,1956, H.3-4, S.65-89)

Villinger,W.;H.Ehrhardt: Die Verhütung vorsätzlich oder fahrlässig begangener Straftaten gegen das Leben und die Körperintegrität in ärztlich-psychiatrischer Sicht. (MschrKrim,1956, Sonderheft,S.20-37)

Walder,H.;M.Frei-Sulzer:;W.Gay: Die widerrechtliche Wegnahme von Motorfahrzeugen. (Krim.,1956, H.2, S.43-44) 7

9.Gerichtsverfassung(einschließlich Justizverwaltung, Staatsanwaltschaft,Notariat und Anwaltschaft)

Bleibtreu,O.: Ziele und Aufgaben einer Justizreform.(N.Gesellschaft, 1956,H.5, S.343-351)

Kern,E.: Einheitliche Gerichtsbarkeit. (DRiZ,1956,H.10,S.214-224) 2

Kniesch,J.: Notwendigkeit einer Neuordnung des Gerichtsverfassungsrechtes.(BB,1956,H.26, S.825-827)

Schmidt,W.: Die Neuordnung der Justiz. (N.Gesellschaft,1956,H.5, S.323-326) 7

Sell,L.: Der Jugendrichter. (RdJ,1956,H.19, S.293-295)

Siegert,K.: Sachliche Unabhängigkeit des Staatsanwalts?(DRiZ,1956, H.10,S.224-227) 7

Süsterhenn,A.: Einheitliches Gerichtsministerium? (DVBl.,1956,H.21, S.737-747)

10.Zivilrecht

Ammeely: Höchstgrenzen bei Mieterhöhungen nach dem Bundesmietengesetz. (ZMR,1956,H.11, S.361-365)

Bartsch:Haftung des Eigentümers für Feuchtigkeitseinwirkungen auf das Nachbargrundstück gemäß § 1004 BGB. (NJW,1956,H.35,S.1266-1267)

Burkart: Aushöhlung gemeinschaftlicher Testamente durch den überlebenden Ehegatten. (NJW,1956,H.41, S.1501-1505)

Dönhoff, G.: Sicherungsübereignung durch Raumsicherungsvertrag. (BB,1956,H.26, S.827-829)

Ebert,A.: Gesetzliche Vorkaufsrechte der öffentlichen Hand.(NJW,1956, H.44, S.1621-1625)

Esser, J.: § 242 BGB und die Privatautonomie. (JZ, 1956, H.18, S.555-557)

Erste Tagung der Europäischen Zivilluftfahrt-Konferenz, Straßburg, 28.Nov.- 20.Dez.1955. (ZLR, 1956, H.4, S.259-261) 3

Ewald: Um die "Einheit" zwischen Darlehensvertrag und Kaufvertrag beim "finanzierten" Abzahlungskauf. (MDR, 1956, H.10, S.583-584)

Fritze, U.: Ersatzaussonderungsrecht des Verkäufers beim verlängerten Eigentumsvorbehalt. (BB, 1956, H.29, S.943-944)

Fuß, E.-W.: Die Überschreitung des Wirkungskreises juristischer Personen des öffentlichen Rechts. (DÖV, 1956, H.18, S.566-574) 5

Stellungnahme der Deutschen Lufthansa AG. zu dem vorläufigen Referentenentwurf des Bundesjustizministeriums betr. ein "Gesetz über Rechte an eingetragenen Flugzeugen". ZLR, 1956, H.3 (Sonderbeilage), S.275-280) 5

Schwedisches Gesetz über die Eintragung von Rechten an Luftfahrzeugen. (ZLR, 1956, H.3 (Sonderbeilage), S.293-303) 5

Giebner: Kann der Hauptmieter die Mieterhöhungen nach dem Bundesmietengesetz auf den Untermieter abwälzen? (ZMR, 1956, H.10, S.326-327)

Haarmann, W.: Das Zweite Wohnungsbaugesetz. (DVBl., 1956, H.17, S.597-602)

Hammer, W.: Das Verhältnis der juristischen Personen zu den dahinterstehenden natürlichen Personen. (MDR, 1956, H.11, S.656-657)

Henn, G.: Aufrechnung gegen Fremdwährungsforderungen. (MDR, 1956, H.10, S.584-587)

Klauß, H.: Die alten Sorgen. (Abzahlungsgeschäft). (TW, 1956, H.5, S.153-155)

Entwurf eines deutschen Gesetzes über Luftfahrzeughypotheken durch das Bundesjustizministerium. (ZLR, 1956, H.3 (Sonderbeilage), S.233-262)

Merz, J.: Die Wirksamkeit gemeinschaftlicher, im Inland errichteter Ehegattentestamente von Ausländern, insbesondere Schweizern. (NJW, 1956, H.41, S.1505)

Mühl: Treu und Glauben im Sachenrecht. (NJW, 1956, H.45, S.1657-1662)

Nöbel, R.: Ist die Richtsatzmiete ein Selbstbetrug? (DWW, 1956, H.9, S.201-203)

Reemts: Stellungnahme des Instituts für Luftrecht der Universität Köln zu dem vorläufigen Referentenentwurf des Bundesjustizministeriums (BJM) betr. ein Gesetz über Rechte an eingetragenen Flugzeugen. (ZLR, 1956, H.3 (Sonderbeilage), S.263-274) 5

Gesetz über die Registrierung von Luftfahrzeugen, über ihre Bergung usw. (Schweden). (ZLR, 1956, H.3 (Sonderbeilage), S.304-308) 5

Roesgen, M. von: Vorübergehende Räumung der Mietwohnung wegen Bauarbeiten. (NJW, 1956, H.35, S.1264-1265)

Roth-Stielow, K.: Sittenwidrige Sammelsicherungen und Grundpfandrechte. (NJW,1956,H.43, S.1584-1585)

Schütz,W.: Mißverstandener Mieterschutz. (DWW,1956,H.10, S.224-226)

Schuler:Anfechtung, Aufrechnung und Vollstreckungsgegenklage. (NJW,1956,H.41, S.1497-1501) 15

Schumacher, A.: Sittenwidrige Testamente.(FamRZ,1956,H.9, S.261-262)

Somogyvar, H.: Gefährdungshaftung für Abwasserschäden. (JZ,1956, H.21, S.678-681)

Tarnow,R.;H.Kampffmeyer;E.Winterberg: Verdienen wir zuviel? (Auswirkungen des 2.Wohnungsbaugesetzes).(Gew.Mon.H.,1956,H.10,S.586-594)

Tietz,E.: Ist § 19 Abs.2 des ersten Bundesmietengesetzes gültig? (NJW,1956,H.35, S.1257-1261)

Weimar,W.: Rechtsmängelhaftung ohne Rechtsmängel? (MDR,1956,H.10, S.591-592)

Wilczok, E.: Wohnungsbau für Bergarbeiter - eine entscheidende Aufgabe. (ASP,1956,H.10, S.330-332) 17

Wilden,H.: Die Rechtsprechung des Obersten Rückerstattungsgerichts. (B,1956,H.45, S.1053-1055) 6,15

Protokoll der Sitzung des Rechtsausschusses der Wissenschaftlichen Gesellschaft für Luftfahrt(WGL). (ZLR,1956,H.3 (Sonderbeilage), S.281-292) 5

Zunft: Der Eigentumserwerb des Erwerbers einer Eigentumsanwartschaft. (NJW,1956,H.39, S.1420-1422)

Zunft,F.: Die Übertragung sämtlicher Nachlaßgegenstände an einen Miterben gegen Abfindung der übrigen Miterben.(JZ,1956,H.18,S.550-555)

11.Urheber-und Erfinderrecht

Bappert,W.;E.Wagner: Das Verhältnis zwischen dem Welturheberrechtsabkommen, der Revidierten Berner Übereinkunft und den anderen zwischenstaatlichen Abkommen über das Urheberrecht.(GRUR,Ausl.,1956, H.8/9, S.350-355)

Claessen, H.: Kann das europäische Erteilungsverfahren auf bisher nicht auf Neuheit prüfende Länder ausgedehnt werden?(GRUR Ausl., 1956,H.8/9, S.341-344)

Goldbaum, W.: Die fünfzigjährige Schutzfrist in Deutschland. (UFITA,1956,Bd.22,H.3/4, S.170-177)

Heydt,L.: Vorschläge zur Neufassung des Unionsvertrages.(Pariser Verbandsübereinkunft vom 20.März 1883 zum Schutze des gewerblichen Eigentums).(GRUR Ausl.,1956,H.10, S.401-435)

Hirsch,E.E.: Entstehungsgeschichte und Grundlinien des Türkischen Urheberrechtsgesetzes von 1951. (UFITA,1956,Bd.22,H.3/4,S.147-170)

Kirchhoff, H.: Patentauslegung und Rechtssicherheit.(GRUR,1956, H.10, S.453-466)

Kleine, H.: Der Stand der Urheberrechtsreform. (JZ,1956,H.18, S. 558-559)

Mediger, H.: Rechtsprechung im Widerstreit zwischen Urheberrecht und Fortschritt der Technik. (BB,1956,H.30, S.981-984)

Neumeyer,F.: Erfahrungen mit dem schwedischen Gesetz über Arbeitnehmererfindungen. (GRUR Ausl.,1956,H.8/9, S.344-349) 16

Schmidt, R.G.: Ausfuhr und Einfuhr geistigen Eigentums.(BB,1956, H.28, S.912-913) 6

Schultze-Rhonhof: Vorschläge für die Reform des Rechts der Arbeitnehmererfindung. (GRUR,1956,H.10, S.440-453) 16

Strauß,W.: Zur Urheberrechtsreform. (UFITA,1956,Bd.22,H.3/4, S.129-146)

Welturheberrechtsabkommen vom 6.September 1952. (GRUR Ausl.,1956, H.8/9, S.359-363)

12.Handelsrecht,Wertpapierrecht,Kartell-und Wettbewerbsrecht

Alten,E.: Organisation und Entwicklung der internationalen Arbeit im Bereich des Luft-Privatrechts. (ZLR,1956,H.4, S.233-245) 3

Ballerstedt,K.: Handels-und gesellschaftsrechtliche Probleme der Organschaft. (B,1956,H.36, S.837-840)

Bayer,W.F.: Kreditgewährung an Mitglieder der Geschäftsleitung und an leitende Angestellte im Konzernrecht. (BB,1956,H.27, S.871-875)

Beckerath,G.von: Die Hohe Behörde auf schmalem Grat.(Montanunion.) (Mbl.freiheitl.Wipol.,1956,H.9, S.534-537)

Benisch,W.: Wettbewerbsregeln der "grauen Zone".(Grenzen kartellrechtlich zulässiger Wettbewerbsregeln).(WuW,1956,H.10, S.643-655)

"BB-Handel" kein Gesetzgebungsobjekt. (Zum Entwurf eines Gesetzes gegen den Betriebs- und Belegschaftshandel).(Mbl.freiheitl.Wipol., 1956,H.8, S.504-505)

Brockmann,H.: Das Recht der Inhaber von Namensaktien auf Einsicht in das Aktienbuch. (BB,1956,H.27, S.875-876)

Büntig,H.: Vereinbarungen zur Verhinderung von Direktverkäufen. (WRP,1956,H.9, S.237-240)

Büntig, H.: Horizontale Preisvereinbarungen in der Rechtsprechung des Bundesgerichtshofes. (BB,1956,H.30, S.979-980)

Düring,W.: Die besonderen Funktionen des Abschlußprüfers im Rahmen der Neugestaltung der deutschen Wirtschaft.(BB,1956,H.27,S.861-863)

Fischer, R.: Die Geschäftsführungs- und Vertretungsbefugnis eines Erben in einer Personengesellschaft des Handelsrechtes.(BB,1956, H.26, S.839-841)

Hörstel, R.: Fragen der gesetzlichen Reichsbankliquidation.(BB,1956, H.28, S.897-899) 6

Hoth,J.: Ware und gewerbliche Leistung. Versuch einer Begriffsbestimmung für das Handels-,Wettbewerbs-,Warenzeichen-,Zugabe-und Rabattrecht. (WRP,1956,H.10, S.261-268) 11

Jauch,O.: Über Warenzeichen, Ausstattung und Lizenz im Zusammenhang mit dem Ost-West-Problem. (WRP,1956,H.9, S.233-236)

Zum Kartellrecht. (WRP,1956,H.9, S.258-260)

Korner,E.: Laissez-Faire-Ideologie und Kartellgesetz.(Mbl.freiheitl. Wipol.,1956,H.8, S.465-469) 1

Mankiewicz, R.H.: Rechtsnormenkonflikte zwischen dem Warschauer Abkommen und dem Haager Protokoll.(ZLR,1956,H.4, S.246-256) 3

Merkel,K.;W.Siebert: Die Rechtsnachfolge beim Tode eines Gesellschafters einer offenen Handelsgesellschaft. (BB,1956,H.26, S.835-839) 10

Mücke, H.: Ist § 89 b HGB auf Vertragshändler anwendbar? (MDR,1956, H.11, S.641-643)

Müller,H.;K.H.Biedenkopf: Grundgesetz und Kartellverbot.(BB,1956, H.30, S.972-975) 4

Reimann, G.: Zahlungsbedingungen nach Zugabe- und Rabattrecht. (BB,1956,H.29, S.944-945)

Rötelmann: Der Wegfall unentbehrlicher Gesellschafter bei der OHG und KG. (NJW,1956,H.44, S.1617-1621)

Schindelmeiser: Hat ein Haftungsausschluß nach § 28 HGB Einfluß auf die Erfüllung eines laufenden Mietvertrags? (ZMR,1956,H.10,S.325-326) 10

Schmitz,W.: Die Zukunft des österreichischen Kartellgesetzes. (WuW,1956,H.10, S.695-704)

Sudhoff: Einbringung ganzer Unternehmen und Eintritt neuer Gesellschafter bei der OHG und KG. (NJW,1956,H.39, S.1422-1426)

13.Landwirtschaftsrecht

Keine Eingänge

14.Familienrecht

Dörmann, H.: Die Verzeihung im englischen und im deutschen Ehescheidungsrecht.(FamRZ,1956,H.10, S.295-296)

Firsching, K.: "Das eheliche Kind" in der Rechtsprechung der letzten Jahre. (FamRZ,1956,H.10, S.299-304)

Hoffmeyer,V.: Zum Fortbestehen der vor 1945 unter Druck geschiedenen Ehen. (FamRZ,1956,H.9, S.266-267)

Krassnig, H.: Zur Problematik der Namenserteilung ("Einbenennung") gemäß § 1706 II 2 BGB. (FamRZ,1956,H.9, S.268-269)

Kühn,J.: Über die Problematik der "Onkel-Ehe". (FamRZ,1956,H.9, S.262-264) 17

Marloh, F.: Familienrechtliche Abgrenzungsfragen.(FamRZ,1956,H.9, S.264-265)

Piegler, J.: Die praktische Bedeutung des § 55 EheG 1938 in Österreich. (FamRZ,1956,H.10, S.293-295)

Simson,G.: Das Ehescheidungsrecht des Auslandes. (JZ,1956,H.19, S.577-582)

15.Zivilprozeß und Freiwillige Gerichtsbarkeit

Beese, W.: Abänderung rechtskräftiger Unterhaltsurteile.(SchlHA, 1956,H.10, S.283-286)

Bereiter-Hahn, W.: Die Fünfjahresfrist bei der Restitutionsklage (§ 586 II 2 ZPO). (FamRZ,1956,H.9, S.272-274) 14

Bluhm, K.: Die Eintragung der Adoption ins Standesregister. (FamRZ,1956,H.9, S.269-271) 14

Bötticher, E.: Abänderbarkeit und Rechtskraft im Funktionsbereich der Freiwilligen Gerichtsbarkeit. (JZ,1956,H.19, S.582-588)

Catrice, R.L.: Grundzüge der französischen Schiedsgerichtsbarkeit. (RIW,1956,H.4, S.113-116)

Czapski,G.: Zum Umfang der Kompetenz- von Schiedsgerichten.(B,1956, H.42, S.982-983)

Donau,H.: Erhöhung von Unterhaltsrenten und Feststellungswiderklage. (MDR,1956,H.11, S.655-656)

Dunz,W.: Zum Streitwert des Zukunftsschadens. (MDR,1956,H.10, S.580-582)

Eisner: Schriftsatzformen im amerikanischen Zivilprozeß.(ZZP,1956, Bd.69,H.4, S.225-230)

Hein,A.: Ist die Arglisteinrede in den Verfahren nach §§ 766 und 765 a ZPO in der Mobilarzwangsvollstreckung in die eigene Abzahlungssache zulässig? (ZZP,1956,Bd.69,H.4, S.231-261)

Henrichs, W.: Keine Verfassungsbeschwerde wegen angeblich zu Unrecht angeordneter Blutentnahme nach § 372 a ZPO ?(FamRZ,1956,H.9, S.274-275) 4

Hermes,H.: Vollstreckungsgericht contra Prozeßgericht bei Wohnungszwangsräumungen? (NJW,1956,H.40, S.1467-1468) 10

Hertz-Kleptow: Zur Abwendung der Zwangsvollstreckung im Rückerstattungsverfahren. (NJW,1956,H.39, S.1427-1428)

Jarck, Ch.: Abänderung und Aufhebung gerichtlicher Entscheidungen (aus der DDR)durch Gerichte der Bundesrepublik. (FamRZ,1956,H.10, S.296-298)

Leyerseder, F.: Zur Frage der Anwendbarkeit des § 765 a ZPO gegenüber der Zuschlagsentscheidung im Zwangsversteigerungsverfahren. (MDR,1956,H.11, S.644-645)

Lietzmann: Schiedsgerichtsbarkeit in England.(RiW,1956,H.4, S.116-117)

Lipschitz: Vorschläge zur Änderung von Vorschriften der ZPO, die den Geschäftsgang hemmen oder verkomplizieren.(ZZP,1956,Bd.69, H.4, S.262-267)

Meyer,K.E.: Die Zuwiderhandlungsstrafe aus § 890 ZPO und der Wegfall des Rechtsschutzinteresses. (MDR,1956,H.10, S.577-578)

Pentz,A.: Abänderungsklage oder Zusatzforderungsklage bei vollstreckbaren Urkunden? (FamRZ,1956,H.9, S.271-272) 14

Schmidt, A.: Gleichwertiges Parteivorbringen. (JZ,1956,H.18,S.559-562)

Schneider,E.: Höchstrichterliche Rechtsprechung und Relationstechnik. Die Behandlung des Parteivorbringens. (NJW,1956,H.38, S.1389-1390)

Weber,R.: Die Reform des Zivilprozeßverfahrens.(N.Gesellschaft, 1956,H.5, S.351-354)

Ziegler,J.: Die Feststellung der "Gilt-Vaterschaft" im Unterhaltsprozeß. (FamRZ,1956,H.11, S.337-338)

16.Arbeitsrecht und Arbeitsgerichtliches Verfahren

Ambrosius, L.: Das Übergangsgeld für Angestellte. Rechtsanspruch oder Kannleistung? (Öff.D.,1956,H.6, S.101-102)

Apel,G.: Nachrücken von Ersatzleuten in den Betriebsrat.(Mitbest., 1956,H.5, S.154-156)

Zur Arbeitszeitverkürzung. (AG,1956,H.18, S.568-570)

Beckmann, O.: Anrechnung von Zeiten einer Notdienstverpflichtung nach § 7 Abs. 1 ATO.(Öff.D.,1956,H.9, S.171-172)

Zweck und Bedeutung von Betriebsvereinbarungen und Betriebsordnungen. (Mitbest.,1956,H.5, S.151-153)

Böhm,O.: Zur Frage der Fortzahlung der Vergütung im Krankheitsfalle. (ArbuR,1956,H.10, S.300-302) 17

Bötticher, E.: Die Zuständigkeit der Arbeitsgerichte für Arbeitnehmervertreter im Aufsichtsrat im Bereich betriebsverfassungsrechtlicher Schutzgesetze. (RdA,1956,H.10,S.361-364)

Boldt,G.: Zum Recht des Bergmannsversorgungsscheins.(RdA,1956,H.10, S.367-371)

Borrmann: Tariflicher Akkordrichtsatz und Geldfaktor. (RdA,1956, H.9, S.321-325)

Bührig,E.: Betriebsvereinbarung und Arbeitszeitverkürzung.(BB,1956, H.29, S.963-965)

Denecke,J.: Die Zulassung der Revision. (RdA,1956,H.9, S.327-329)

Fitting, K.: Fortgeltung und Kündigungsmöglichkeiten von Betriebsordnungen. (Mitbest.,1956,H.5, S.149-151)

Frey,E.: Der Beweis der Arbeitsunfähigkeit durch Krankheit.(ArbuR, 1956,H.10, S.298-300) 17

Frey,E.: Die arbeitsverhältnisrechtliche Stellung der Betriebsratsmitglieder. (ArbuR,1956,H.9, S.269-272)

Frey,O.: Bemerkungen zu Tarifverträgen.(Inkrafttreten, Minderleistungsklauseln, Ausschlußfristen).(ArbuR,1956,H.10, S.302-305)

Gaedke,J.: Die Freizügigkeit der Montan-Facharbeiter.(RdA,1956,H.10, S.364-367)

Große Schönepauck: Mutterschutz auch für arbeitslose Mütter? (FamRZ,1956,H.10, S.304-305)

Haupt,W.;L.Karl: Die Unabdingbarkeit im Arbeitnehmererfinder-Gesetz. (GRUR,1956,H.9, S.405-406) 11

Heimann, E.: Die Verwässerung des Kündigungsbegriffes in der Rechtsprechung der Arbeitsgerichte. (AG,1956,H.39, S.594-596)

Hessel,Ph.: Bemerkungen zur Rechtsprechung des Bundesarbeitsgerichtes.(Gutachten zu Fragen der Krankheit und des Urlaubs im Arbeitsrecht).(BB,1956,H.27, S.893-895)

Hessel,Ph.: Sind die Urlaubsgesetze der Länder Hamburg und Württemberg-Baden grundgesetzwidrig? (ArbuR,1956,H.9, S.267-269) 4

Hilger,M.L.: Das Mitbestimmungsrecht bei Umgruppierungen.(BB,1956, H.30, S.999-1002)

Kauffmann,H.: Das Recht der Betriebsvereinbarung. (B,1956,H.42, S.988-990)

Köhler,von: Ist eine Allgemeinverbindlicherklärung anfechtbar? (DVBl.,1956,H.20, S.712-714) 5

Kunze,O.: Die gesetzliche Regelung der Mitbestimmung in den Montan-Obergesellschaften. (ArbuR,1956,H.9, S.257-264)

Lücking,K.: Die Novelle zum AVAVG vor der Verabschiedung. (Soz.Sicherh.,1956,H.10, S.301-303) 17

Mein,H.: Der Anspruch des Arbeitgebers gegen den Arbeitnehmer auf Unterlassung anderweitiger Dienstleistung bei Vertragsbruch und seine Erzwingbarkeit.(RdA,1956,H.9, S.329-331)

Meissinger,H.: Die Streikabwehraussperrung der Arbeitgeber in rechtlicher Betrachtung.(B,1956,H.46, S.1085-1087)

Müller,G.: Zum Bereich der sozialen Auswahl nach § 1 Abs. 3 Kündigungsschutzgesetz. (B,1956,H.41, S.965-966)

Nikisch,A.: Aussperrung und Wiedereinstellung. (RdA,1956,H.9, S.325-327)

Nikisch,A.: Probleme des Kündigungsschutzrechts. (B,1956,H.47, S.1108-1110)

Olschinka,G.;J.Free: Die Geschäftsführerkonferenz 1956 in Bad Reichenhall. (AG,1956,H.19, S.630-633)

Osswald, R.: Die Beendigung von befristeten Arbeitsverträgen und das Kündigungsschutzgesetz. (B,1956,H.40, S.941-942)

Popp,L.G.: Die Rechtsfigur des Betriebsausschusses und der Begriff der laufenden Geschäfte nach dem Betriebsverfassungsgesetz.(B,1956, H.39, S.917-919)

Radke,O.: Rechtsbeziehungen zwischen einer Tarifvertragspartei und den Mitgliedern der gegnerischen Tarifvertragspartei.(ArbuR,1956, H.9, S.273-278)

Radke,O.: Treuepflicht der Arbeitnehmervertreter im Aufsichtsrat bei Streik. (NJW,1956,H.43, S.1581-1584)

Rehhahn,H.: Tariflöhne und Effektivklauseln. (ArbuR,1956,H.10, S.289-297)

Reinicke, G.u.D.: Zum Übergang von Schadensersatzansprüchen auf Arbeitgeber und Dienstherrn. (NJW,1956,H.40, S.1464-1466)

Rieckhof,B.: Rechtliche und kriminalistische Beurteilung von Betriebsunfällen. (Krim.,1956,H.2, S.37-41) 8

Schmelzer, O.: Der Urlaubsanspruch bei Teilbeschäftigung, insbesondere bei Beschäftigung in mehreren nebeneinander bestehenden Arbeitsverhältnissen. (BB,1956,H.28, S.927-929)

Schregle, J.: Ausländische Arbeitsgesetzgebung. (RdA,1956,H.9, S.346-348; H.10, S.387-389)

Schregle,J.: Die Ergebnisse der 39.Tagung der Internationalen Arbeitskonferenz. (ArbuR,1956,H.9, S.278-279)

Seydel,H.;H.Salger: Haftung für Atomschäden. (NJW,1956,H.42,S.1537-1540) 5

Stanzl,G.: Die Rechtsprechung des Österreichischen Obersten Gerichtshofes zum Arbeitsrecht im Jahre 1955.(RdA,1956,H.9, S.331-334)

Die amerikanische Streikstatistik im Jahre 1955.(Int.Arb.Mtlgn., 1956,H.16, S.4-11)

Theisen,H.: Das Tarifrecht der behördlichen Angestellten.(SKV, 1956,H.10, S.213-215) 5

Trieschmann, G.: Das Leiharbeiterverhältnis. (B,1956,H.39(Beil.), S.1-6)

17.Sozialrecht,Sozialgerichtsbarkeit und Verfahren

Aldermann, F.: Die Neuordnung der Rentenversicherung vor einer Sackgasse? (ASP,1956,H.11, S.349-351)

Benner,W.: Was hat der Arbeitgeber im Zusammenhang mit der Neuregelung der Rentner-Krankenversicherung zu beachten?(BB,1956,H.31, S.1034-1037)

Bogs,W.: Versicherungspflicht und Versicherungsfreiheit bei Mitarbeit von Familienangehörigen. (BB,1956,H. 28,S.929-931)

Dapprich,G.: Die zusammengefaßte Anfechtungs- und Leistungsklage des § 54 Abs. 4 SGG. (SGb.,1956,H.10, S.305-307)

Debus, K.: Die Haftung der Arbeitnehmer bei Arbeitsunfällen.(Neuordnung der Unfallversicherung).(Soz.Sicherh.,1956,H.11, S.334-336)

Debus, K.: Sichert der Gesetzentwurf über eine Neuregelung der Rentenversicherung die Einheit der Rehabilitation und ihren Erfolg? (Soz.Sicherh.,1956,H.11, S.326-328)

Etmer: Der Beisitzer im sozialgerichtlichen Verfahren.(SGb.,1956, H.9, S.276-279)

Frisch,A.: Neue Tendenzen in der französischen Sozialdiskussion. (AG,1956,H.19, S.626-628)

Gerl: Die Zulassung der Berufung und der Revision "im Urteil" der Sozialgerichte. (SGb.,1956,H.10, S.307-309)

Hasse,G.: Sind Zeitungsträger in sozialversicherungsrechtlicher Beziehung selbständig oder unselbständig? (ZV u.ZV,1956,H.19-20 (Sonderausgabe), S.714-724)

Heissmann,E.: Die betriebliche Altersversorgung im Zeichen der Sozialreform. (AG,1956,H.21, S.692-694)

Heyn,W.: Das Sozialversicherungsverhältnis von Kindern des Betriebsinhabers. (BB,1956,H.31, S.1037-1038)

Höcker, L.: Probleme der Knappschaftsreform. (ASP,1956,H.10, S.327-329)

Hoernigk, R.: Übergangsregelung im Handwerkerversorgungsrecht. (BB,1956,H.27, S.891-892)

Jansen,P.;K.A.Bettermann: Die Verfahrensrevision zum Bundessozialgericht. (NJW,1956,H.38, S.1387-1389)

Jarchow,H.: Das Bundesversicherungsamtsgesetz.(NJW,1956,H.43, S.1588-1589)

Kaiser, H.: Umfang und Entwicklung des betrieblichen Sozialaufwandes der westdeutschen Industrie. (ZSR,1956,H.9, S.271-273)

Kalinke,M.: Zur Gestaltung eines besonderen Leistungsrechtes für Angestellte.(ZSR,1956,H.10, S.301-307)

Keller: Soziale Sicherheit für freie Berufe. (ZSR,1956,H.9, S.269-271)

Köhler, C.: Das Nachversicherungsrecht der gesetzlichen Rentenversicherungen. (Öff.D.,1956,H.10, S.188-190)

Köhler,C.: Soll das neue Rentenversicherungsrecht eine Härteklausel enthalten? (Soz.Sicherh.,1956,H.10, S.308-309)

Krebs: Die Ablehnung eines Antrages nach § 109 SGG. (SGb.,1956,H.9, S.273-274; H.10, S.312-314)

Lipschitz, J.: Idee und Praxis der Wiedergutmachung.(N.Gesellschaft, 1956,H.5, S.363-370) 3

Luzius, H.P.: Die Benachteiligung der Angestellten bei der Rentenberechnung nach dem Regierungsentwurf zum Rentenversicherungsgesetz. (ASP,1956,H.11, S.355-358)

Nettekoven, H.: Die Neuregelung der Knappschaftsversicherung.(Soz. Sicherh.,1956,H.10, S.299-300)

Oel,A.: Die soziale Lage der Renten- und Unterstützungsempfänger. (Sozialenquête). (Soz.Sicherh.,1956,H.11, S.328-334)

Piper, F.: Die Flucht in das Vermögen. (Arbeitslosenversicherung). (Mbl.freiheitl.Wipol.,1956,H.9, S.530-533)

Stellungnahme der Angestellten zur Neuregelung der Rentenversicherung der Angestellten. (Soz.Sicherh.,1956,H.10, S.297-298)

Zur Neuregelung der Rentenversicherung der Arbeiter und Angestellten. (Soz.Sicherh.,1956,H.10, S.293-295)

Rieker, K.: Die Kosten der Rentenreform. (ASP,1956,H.11, S.361-363)

Rohwer-Kahlmann: Die Krise des Eigentums. Ansprüche und Anwartschaften aus der Rentenversicherung unter Eigentumsschutz(AA.14 GG). Fortsetzung und Schluß. (ZSR,1956,H.10, S.308-312)

Salzmann,W.: Vom Recht auf Rente. (Mbl.freiheitl.Wipol.,1956,H.10, S.586-599)

Schieckel,H.: Genügt die geplante Sozialreform den Forderungen der deutschen Sozialpolitik? (Soz.Sicherh.,1956,H.11, S.321-323)

Schlecht, O.: Rentenreform und Konjunktur. (ZSR,1956,H.10,S.312-315)

Schmiedl, W.: Die geschiedene und die aufgelöste Ehe.(Rentenreform). (ZSR,1956,H.9, S.275-277)

Schregle: Sozialpolitik in der Montanunion.(RdA,1956,H.9,S.334-336)

Schreiber, W.: Gefährdet die dynamische Rente den Geldwert und das Sparen? (Soz.Sicherh.,1956,H.10, S.289-293)

"Plan 26" - Erziehung zu individueller Vermögensbildung.(Sozialreform) (Mbl.freiheitl.Wipol.,1956,H.10, S.610-614)

Versicherungsfreiheit in der Sozialversicherung bei vorübergehenden Dienstleistungen und Nebenbeschäftigungen.(B,1956,H.43, S.1012-1013)

Sturn,H.: "Arbeitsunfähigkeit" und "Schonungsbedürftigkeit" in der Krankenversicherung. (AG,1956,H.19, S.633-634)

Tennfjord,F.: Auf dem Wege nach einem Europäischen Code für Soziale Sicherheit. (ZSR,1956,H.9, S.280-282; H.10, S.317-318)

Völz,H.: Der Steigerungsbetrag für Kriegsdienstzeiten in der gesetzlichen Rentenversicherung. (ASP,1956,H.11, S.372-375)

Wagnitz,L.: Die "Lohnbezogenheit" der Renten.(Rentenreform). (ASP,1956,H.11, S.359-361)

Wahl,G.: Sicherung der Leistungsfähigkeit - statt "Rehabilitation". (Rentenversicherung).(ZSR,1956,H.9, S.277-280)

Wingen,M.: Die Neuordnung der Kindergeldgesetzgebung im Spiegel von Reformvorschlägen. (AG,1956,H.21, S.708-711)

Wudtke, G.: Widerklage nach dem Sozialgerichtsgesetz (§ 100 SGG). (SGb.,1956,H.10, S.309-312)

18.Internationales Privatrecht

Beitzke,G.: Nochmals zur Konfiskation von Mitgliedschaftsrechten. (JZ,1956,H.21, S.673-678) 3

19.Juristische Ausbildungs-und Prüfungsfragen

Gross,W.: Betrachtungen. (Juristische Ausbildung).(DVBl.,1956,H.19, S.677-679)

Husserl,G.: Bericht über Errichtung, Aufgabe und Arbeitsprogramm der Arbeitsstätte des Arbeitskreises für Fragen der Juristenausbildung. (JZ,1956,H.20/20a, S.634-637)

Schneider,E.: Zur Technik der C-Klausur. (JZ,1956,H.19, S.593-596)

20.Sonstiges

Heckel, H.: Formen und Gegenstände der Rechtserziehung.(RdJ,1956, H.20, S.305-307; H.21, S.321-323)

Stettner,H.: Schulische Rechtserziehung in der Gegenwart. Überblick über den Stand der schulischen Rechtserziehung in Deutschland. (RdJ,1956,H.21, S.324-327)

C. 9.(19.) VERZEICHNIS DER NEUERWERBUNGEN DER BIBLIOTHEK DES DEUTSCHEN INSTITUTS FÜR RECHTSWISSENSCHAFT[1)]

1.ALLGEMEINES

1.Allgemeine und bibliographische Nachschlagewerke,Wörterbücher, Buch- und Bibliothekswesen

Brämer,J.; D.Vogel: Die wissenschaftliche Fachbibliothek. Eine Anleitung für die Verwaltung von Instituts- und Betriebsbibliotheken. Leipzig 1956. 177 S. I Ea 14582

Deutschland. Geschichte,Mensch und Landschaft. Eine Auswahl. [Bibliographie] Berlin 1956. 51 S. I Ea 15301

Essen,J.L.F.; J.L.G.Tichelaar:.Immunities in international law. [Bibliographie] Leyden 1955. 56 S. V Ea 14548

Alphabetisches Verzeichnis der jugendgefährdenden Schriften. Listennr 1-248. Köln 1956. 8 Bl. II Ea 15502

(Juristisches Wörterbuch. 2.Aufl.,russ.:) Juridičeskij slovar! 2.izd.Pod red. P.I. Kudrjavcek T.1.2. Moskau 1956. T.1: 687 S. T.2: 663 S. III Eb 757

Keck,Z.: (Register der Rechtsbestimmungen für die Zeit von 1944 bis 1955, poln.:) Skorowidz przepisów prawnych w latach 1944-1955. Warschau 1956. 620 S. IV Ea 15271

Sächsische Landesbibliothek Dresden 1556 - 1956. Festschrift zum 400-jährigen Bestehen. Leipzig 1956. 298 S. I Ea 14603

Lombardo, G.C.: Juristisches Wörterbuch. Deutsch-ital.und ital.-deutsch. Mailand 1955. 229 S. V Ea 14810

The Dictionary of national biography. Founded in 1882 by G.Smith.1922-1930. Ed.by J.R.H.Weaver. London 1953. 962 S. V Ea 15208

Piccard,R.;E.Thilo;E.Steiner: Rechtswörterbuch,französisch-deutsch und deutsch-französisch. T.1:Französ.-deutsch. Zürich 1950. 596 S. V Ea 14617

1) Die hier angezeigte Literatur ist gemäss der Benutzungsordnung der Bibliothek des Deutschen Instituts für Rechtswissenschaft, für die Mitglieder des Deutschen Instituts für Rechtswissenschaft, Ministerien und zentrale Institutionen der Deutschen Demokratischen Republik und nach der Leihverkehrsordnung der Bibliotheken ausleihfähig.-Verzeichnis 1-10 ist enthalten im Mitteilungsblatt des Deutschen Instituts für Rechtswissenschaft 1953,Nr 1 - 1955, Nr 3.

Szladits, Ch.: A Bibliography on foreign and comparative law. Books and articles in English. New York 1955. 508 S. V Ea 15579

Tropovskij, L.N.: Dezimalklassifikation der Gesellschaftswissenschaften und Politik. (Aus d.Russ.übers.) Berlin 1956. 112 S. I Ea 15498

Weber, A.: Schriften und Aufsätze 1897-1955. Bibliographie. Hrsg. vom Adolf-Weber-Institut f.Sozial- u.Staatswissenschaften an d. Univ.Heidelberg. Mit e.Einl.v. G.Roth. Zsgest.von J.Kepeszczuk. München 1956. 48 S. II Ea 14675

Weissenstein, R.F.: Anglo-amerikanisches Rechtswörterbuch. T.1: Englisch-Deutsch. Zürich 195o. 199 S. V Ea 14618

2.Biographien

Baumgarten, E.von: Benjamin Franklin. Der Lehrmeister der amerikanischen Revolution. Frankfurt M.1936. 248 S. Ea 14924

Jean Le Rond d'Alembert, Demokrit, René Descartes, Denis Diderot. Berlin 1956. 44 S. I Ea 14861

Mazzucchelli, M.: Robespierre. 5.ed. Milano 1955. 437 S. V Ea 14813

Običkin, G.D.: (W.I.Lenin - der grosse Organisator und Führer der Kommunistischen Partei der Sowjetunion, russ.:) V.I. Lenin - velikij organizator i vožd' kommunističeskoj partii Sovetskogo Sojuza. Moskau 1955.) 31 S. III Ea 15411

Schaper, B.W.: (Albert Thomas.Dreissig Jahre Sozialreform,holländ.:) Albert Thomas. Dertig jaar sociaal reformisme. Leiden 1953. 358 S.- Leiden,Jur.Fak.,Diss.vom 23.Sept,1953 V Ea 15177

Seni,N.G.: (Sun Jat-Sen der grosse chinesische Revolutionär u. Demokrat, russ.:) Sun'Jat-Sen-velikij kitajskij revoljucioner-demokrat. Moskau 1956. 39 S. III Ea 15408

3.Philosophie

Adolf, K.: Der Marxismus eine unüberhörbare Frage an uns. Ulm 1955. 16 S. II Ea 14779

Alexandrow,G.F.: Idealismus. (Aus d.Russ.übers.) Berlin 1956. 16 S. I Ea 14862

Fichte, J.G.: Über den Gelehrten. Berlin 1956. 269 S. I Ea 14863

Hegel,G.W.F.: Grundlinien der Philosophie des Rechts. Mit Hegels eigenhändigen Randbemerkungen in seinem Handexemplar der Rechtsphilosophie. 4.Aufl. Berlin 1956. 434 S. I Ea 14900

Howard, P.: Eine Renaissance die Ost und West einigt. Bonn 1956. 8 S. II Ea 14854

Lange,M.G.: Marxismus Leninismus Stalinismus. Zur Kritik des dialektischen Materialismus. Stuttgart 1955. 210 S. II Ea 14616

Leese, K.: Ethische und religiöse Grundfragen im Denken der Gegenwart. Stuttgart,Düsseldorf 1956. 280 S. II Ea 14696

Litt,Th.: Die Wiedererweckung des geschichtlichen Bewusstseins. Heidelberg 1956. 243 S. II Ea 14674

Ojzerman,T.I.: (Die Philosophie Hegels, russ:) Filosofija Gegelja. Moskau 1956. 47 S. III Ea 15486

Przywara,E.: Idee Europa. Nürnberg 1956. 37 S. II Ea 14686

Sombart,W.: Vom Menschen. Versuch einer geisteswissenschaftlichen Anthropologie. 2.Aufl. Berlin 1956. 462 S. II Ea 14606

Stofer, H.: Über das ethische Werturteil. Basel 1955. 191 S. V Ea 14622

Zebenko,M.O.: Der Atheismus der französischen Materialisten des 18.Jahrhunderts.(Aus d.Russ.übers.) Berlin 1956. 54 S. I Ea 14563

4.Wirtschaftswissenschaft

Alekseev,A.M.: (Die wichtigste ökonomische Aufgabe der UdSSR und die Wege zu ihrer Lösung, russ.:) Osnovnaja ekonomičeskaja zadača SSSR i puti ee rešenija. Moskau 1956. 39 S. III Ea 15453

Bulganin,N.A.: (Richtlinien des XX.Parteitages der KPdSU für den 6.Fünfjahrplan zur Entwicklung der Volkswirtschaft der UdSSR in den Jahren 1956-1960,russ.:) Doklad o direktivach XX s-ezda KPSS po šestomu pjatiletnemu planu razvitija narodnego chozjajstva SSSR na 1956-1960 gody. Moskau 1956. 78 S. III Ea 15472

Diesner,H.J.: Wirtschaft und Gesellschaft bei Thukydides. Halle 1956. 198 S. I Ea 14911

Dohany,E.J.: Das Ethos des unternehmerischen Standes. Köln 1955. 4 Bl. II Eb 97

Feigin, J.P.: Standortverteilung der Produktion im Kapitalismus und im Sozialismus. (Aus d.Russ.übers.) Berlin 1956. 541 S. I Ea 14804

Fleck,A.: Wie das Top Management die Unternehmensleistung beeinflußt. Köln 1955. 4 Bl. II Eb 97

Hale,R.L.: Freedom through law. Public control of private governing power. New York 1952. 591 S. V Ea 14929

Kahl,J.: Macht und Markt. Vom Ausbau unserer Wirtschaftsordnung. Berlin 1956. 240 S. II Ea 14608

Koval',N.S.: (Das Kennziffersystem und die Aufteilung der Volkswirtschaftspläne der UdSSR,russ.:) Sistem pokazatelej i osnonye razdely narodnochozjajstvennogo plana SSSR. Moskau 1956. 94 S. III Ea 14830

Lehmann, R.: Gerechtigkeit im Wirtschaftsleben. Nürnberg 1955.
36 S. II Ea 14798

Mel'nikov, D.: (Der sechste Fünfjahrplan - der Fünfjahrplan des Friedens, russ.:) Šestaja pjatiletka - pjatiletka mira.
Moskau 1956. 55 S. III Ea 14835

Metzner, M.: Der Unternehmer. Seine Stellung und seine Aufgaben.
Berlin 1956. 71 S.

Reinhold, O.: Die Allgemeine Krise des Kapitalismus und ihre Verschärfung nach dem zweiten Weltkrieg. Berlin 1955. 55 S.
I Ea 13502

Rühle, O.: Handwerk auf neuen Wegen. Leipzig/Jena 1956. 34 S.
I Ea 14413

Samuelson, P.A.: Volkswirtschaftslehre. Eine Einf.2.vollständig neu bearb.Aufl. Köln 1955. 808 S. II Ea 14269

Zur volkswirtschaftlichen Problematik der dynamischen Sozialrente. Untersuchg d.Ifo-Instituts f.Wirtschaftsforschung,München unter Mitarbeit von H.-J.Rüstow. Berlin,München 1956. 37 S.II Ea 14777

Tisch, C.: Organisationsformen der deutschen Mittelindustrie.
Frankfurt M.1934. 155 S. Ea 14916

Akademija Nauk SSSR. Institut istorii.(Die UdSSR zur Zeit des Wiederaufbaus der Volkswirtschaft 1921-1925,russ.:) SSSR v period vosstanovlenija narodnogo chozjajstva 1921-1925 gg. Moskau 1955.
596 S. III Ea 13920

Wilhelm, H.: Der Marktautomatismus als Modell und praktisches Ziel. Wiesbaden 1954. 270 S. II Ea 14676

Naučno-issledovatel'skij konjunkturnyj institut MVT SSSR.-(Die wirtschaftliche Entwicklung der europäischen Länder der Volksdemokratie im Jahre 1955,russ.:) Razvitie ekonomiki evropejskich stran narodnoj demokratii.(Obzor za 1955 god). Moskau 1956. 270 S.
III Ea 14600

Report on the economic situation 1954 in food and agriculture.
Die wirtschaftliche Lage in Ernährung und Landwirtschaft in den OEEC-Ländern. Bericht d.Europ.Wirtschaftsrates (OEEC) in Paris.
Hrsg.: Bundesministerium f.wirtschaftliche Zusammenarbeit.
Bonn 1956. 201 S. II Ea 14781

(Statistische Daten über die Wirtschaftslage der kapitalistischen Länder von 1950-1955,russ.:) Statističeskie pokazateli ekonomičeskogo položenija kapitalističeskich stran < 1950-1955 gg.>
Moskau 1956. 84 S. III Ea 14831

Zawade, W.: Neue Gefahren aus dem Osten -das politische Dumping. Ueber die der westl.Wirtschaftshemisphäre drohende Gefahr durch d.politische Dumping d.Ostens,dargest. am Handel zwischen West- und Ostdeutschland. Frankfurt/M. 1956. 48 S. II Ea 14551

5.Geschichte

Barber, E.G.: The Bourgeoisie in 18 th century France.
New Jersey 1955. 165 S. V Ea 14656

Belousov, J.E.: (Der 4.und 5.Parteitag der RSDRP. Die Ursachen für die Niederlage der ersten russischen Revolution,russ.:) Lekcija IV i V s-ezdy RSDRP. Pričiny poraženija pervoj russkoj revoljucii. Moskau 1955. 27 S. III Ea 15097

Bestužev,I.V.:(Der Krimkrieg 1853-1856,russ.:) Krymskaja vojna 1853-1856 gg. Moskau 1956. 172 S. III Ea 15419

Braubach,M.: Versailles und Wien von Ludwig XIV bis Kaunitz. Die Vorstadien d.diplomatischen Revolution im 18.Jahrhundert. Bonn 1952. 480 S. II Ea 14785

Brjunin, W.: Die internationale Bedeutung der ersten russischen Revolution 1905 bis 1907. Berlin 1956. 44 S. I Ea 13633

Efimov,A.V.: (Abriss aus der Geschichte der USA, russ.:) Očerki istorii SŠA. Moskau 1955. 326 S. III Ea 13940

Engels,F.: Die Infanterie. Der Angriff. Die Schlacht. Berlin 1956. 52 S. I Ea 14864

Gehrig, H.: Friedrich List und Deutschlands politisch-ökonomische Einheit. Berlin 1956. 450 S. I Ea 14320

Akademija Nauk SSSR. Institut istorii. (Wissenschaftliche Schriften über die neue und neueste Geschichte, russ.:) Učenye zapiski po novoj i novejšej istorii. Moskau 1955. 498 S. III Ea 15427

Akademija Nauk SSSR-Latvijskoj SSR. Institut istorii i material'noj kul'tury. (Geschichte der Lettischen SSR, russ.:) Istorija Latvijskoj SSR.Pod.red.K.J.Strazdinja.Riga 1955. 620 S.
III Ea 13576

(Abriss der Geschichte der UdSSR,russ.:) Očerki istorii SSSR. Pod red. A.M.Pankramoroj u.G.D.Kosmomarova. Moskau 1955. 339 S.
III Ea 15305

Hallgarten, G.W.F.: Hitler, Reichswehr und Industrie. Zur Geschichte der Jahre 1918-1933. 2.Aufl. Frankfurt/M.1955. 139 S.
II Ea 14636

Hartung,F.: Zur Entwicklung der Verfassungsgeschichtsschreibung in Deutschland. Berlin 1956. 46 S. I Ea 14579

Kamnitzer, H.: Wider die Fremdherrschaft. Betrachtungen zur Geschichte der Befreiungskriege. Berlin 1956. 148 S. I Ea 14807

Kovalev, S.I.;E.M.Štaerman:(Abriss der Geschichte des antiken Roms,russ.:) Očerki istorii drévnego Rima. Moskau 1956. 333 S.
III Ea 15448

Schunke, J.: Schlacht um Halle. Die Abwehr des Kapp-Putsches in Halle und Umgebung. Berlin 1956. 110 S. I Ea 14160

Schuyler, R.L.: Ireland and the English Parliament. An imperial phase of the Puritan Revolution. New York 1926. S.490-519. Aus: Political Science Quarterly. Vol.41.1926,Nr 4. I Ea 15320

Smirin, M.M.: Die Volksreformation des Thomas Münzer und der große Bauernkrieg. 2.,verb.und ergänzte Aufl.(Aus d.Russ.übers.) Berlin 1956. 669 S. I Ea 14577

Stern,L.: Der Freiheitskampf des spanischen Volkes 1936-1939. Berlin 1956. 40 S. I Ea 14901

6.Politik

Asztalos, G.: (Das Disziplinarverfahren in der Partei, ungar.:) A pártfegyelmi munkáról. Budapest 1955. 39 S. IV Ea 14820

Elizarov, N.V.: (Der dritte Parteitag der RSDRP und seine historische Bedeutung, russ.:) Tretij s-ezd RSDRP i ego istoričeskoe značenie. Moskau 1955. 62 S. III Ea 15390

Etzel, H.: Welt im Umbruch. Nebst Anh.: Karl v.Westphalen: Wesen und Aufgabe des Deutschen Klubs 1954. Politische Streiflichter und Ausblicke. München 1956. 64 S. II Ea 14655

Graber,G.: Mensch sein verboten. Gefängnisreportage. Berlin 1956. 116 S. I Ea 14914

Hallstein, W.: Wissenschaft und Politik. Festrede beim Akademischen Festakt aus Anlass d,Hundertjahrfeier d.Nationalversammlung am 18.Mai 1948. Frankfurt/M.1949. 30 S. II Ea 14198

Lenz,F.: Werden und Wesen der öffentlichen Meinung. Ein Beitrag zur politischen Soziologie. München 1956. 344 S. II Ea 14630

Liu Shao-Chi: The political Report of the Central Committee of the Communist Party of China. to the 8th National Congress of the party.Sept.15, 1956. Peking 1956. 57 S. IV Ea 15578

Mao Tse-Tung:On Coalition government. Peking 1955. 118 S. IV Ea 14594

Friedrich Engels' Kampf für die Schaffung einer marxistischen Arbeiterpartei in Deutschland. Engels -Konferenz Berlin 1955. Berlin 1956. 96 S. I Ea 14906

Parteien in der Bundesrepublik. Studien zur Entwicklung d.dt. Parteien bis zur Bundestagswahl 1953. Mit Beitr.von M.G.Lange u.a. Stuttgart,Düsseldorf 1955. 558 S. II Ea 14695

Ueber die Ueberwindung des Personenkults und seiner Folgen. Beschluss d.ZK d. KPdSU vom 30.Juni 1956. Zur Diskussion über den 20.Parteitag der KPdSU u.d.3.Parteikonferenz der SED. Stellungnahme d.Politbüros d.ZK d.SED. Berlin 1956. 47 S. I Ea 14449

Reitlinger, G.: Die Endlösung. Hitlers Versuch der Ausrottung der Juden Europas 1939-1945.(Aus d.Engl.übers.) Berlin 1953. 698 S. II Ea 14607

Semenov, V.: Die 2.Konferenz der RSDRP, russ.:) Vtoraja konferencija RSDRP. Moskau 1956. 22 S. III Ea 14827

Uhlig,A.W.: Hat die SPD noch eine Chance? München 1956. 301 S. II Ea 14644

Zimdahl, H.H.: Wirtschaftssysteme und Parteiprogramme der wichtigsten Parteien der Bundesrepublik. Programmatische Wirtschaftspolitik. Baden-Baden,Frankfurt/M.1955. 154 S. II Ea 14625

II.RECHTSWISSENSCHAFT

1.Gesetzesmaterialien und Dokumente (auch Verfassungen und Kurzkommentare)

(Vorschriften über die Durchführung der Wahlen der Arbeiterräte und der Vernaltungsausschüsse von Wirtschaftsbetrieben,slowen.:) Propisi o sprovoenu izbora radniškich sabeta i uprabnich odbora pribpednich predusena. Belgrad 1956. 62 S. IV Ea 15248

Arbeitsrecht. Sammlung d.wichtigsten in Gesamtdeutschland,in der Bundesrepublik, in ihren Ländern und in Berlin geltenden arbeitsrechtlichen Vorschriften. Hrsg.von H.C.Nipperdey. 4.Aufl. München,Berlin 1956. Loseblattausg. II Ea 14930

Bayerisches Gemeindewahlgesetz Landkreiswahlgesetz. Wahlordnung. Zugleich Erg.-Bd zur erl.Ausg.d.Bayer. Gemeindeordnung von K.Helmreich. München 1956. 108 S. II Ea 14647

Bošković, V.: (Vorschriftensammlung über das Investitionsprogramm und das Deposit für Investitionsarbeiten,mit Komm., slowen.:) Zbirka propisa i investicionom programu i depozitu za investicione radove sa objasnjejima. Belgrad 1956. 48 S. IV Ea 15251

Eckert, G.: Von Valmy bis Leipzig. Quellen und Dokumente zur Geschichte der preußischen Heeresreform. Hannover,Frankfurt/M.1955. 300 S. II Ea 14699

(Die Ehe-,Familien- und Vormundschaftsgesetze der RSFSR, russ.:) Kodeks zakonov o brake, sem'e i opeke RSFSR. Moskau 1956. 142 S. III Ea 14824

Polnisches Institut für Internationale Angelegenheiten. Gesetzgebung der Polnischen Volksrepublik. Ausgew.Gesetze,Dekrete,Verordnungen,Beschlüsse. Warschau 1955. 107 S. IV Ea 15582

Handelsgesetzbuch mit Nebengesetzen ohne Seerecht. Komm.von A.Baumbach u.K.Duden. 12.neubearb.Aufl. München,Berlin 1956. 1235 S. II Ea 14250

Documents on fundamental human rights. Ed.by Z.Chafee.Pamphlet 3.Cambridge 1952. S.641-998. V Ea 14412

Erklärung der Kommunistischen Partei Spaniens für die nationale Aussöhnung für eine demokratische und friedliche Lösung des spanischen Problems. (Aus dem Span.übers.) Berlin 1956. 48 S. I Ea 14802

Gesetz über das landwirtschaftliche Pachtwesen < Landpachtgesetz > vom 25.Juni 1952. Komm.von H.Friese u.F.Kobler. Berlin 1952.
II Ea 14631

Das geltende Lohnsteuerrecht. Die Besteuerung des Arbeitseinkommens der Lohnempfänger und der freischaffenden Intelligenz. < Stand vom 1.Juli 1956.> 4.Aufl. Berlin 1956. 224 S. I Ea 149o7

Loschelder, W.: Die Gemeindeordnungen in den westdeutschen Ländern und die Verfassungen von Berlin,Hamburg und Bremen. 2.Aufl. Stuttgart,Köln 1956. 448 S. II Ea 14684

Maršalek,H.: Mauthausen mahnt! Kampf hinter Stacheldraht. Tatsachen,Dokumente u.Berichte über das grösste Hitlersche Vernichtungslager in Oesterreich. Wien 1950. 102 S. V Ea 15279

Quellen zur Entstehung der Oder-Neisse-Linie in den diplomatischen Verhandlungen während des 2.Weltkrieges. Gesammelt u.hrsg.von G.Rhode u. W.Wagner. Stuttgart 1956. 291 S. II Ea 14678

Radovič, M.;N.Boškovic(Das Gesetz über die öffentliche Rechtsverteidigung mit Kommentar, slowen.:) Zakon o javnom pravobranioštvu sa komentarom. Belgrad 1956. 74 S. IV Ea 15491

Institut istorii archeologii i etnografii akademii Nauk Kazachskoj SSR.-(Die revolutionäre Bewegung in Kazachstan in den Jahren 19o5-19o7. Dokumentensammlung und Materialien,russ.:) Revoljucionnoe dviženie v Kazachstane v 19o5-19o7 gg. Sbornik dokumentov i materialov. Alma-Ata 1955. 363 S. III Ea 14822

(Sammlung von Vorschriften der Volksrepublik Serbien,russ.:) Sbornik propisa narodne republike Srbijo. Belgrad 1955. 575 S.
IV Ea 15492

The 1950 Social Security Act with explanation. New York 1950. 130 S. V Ea 15322

Strafgesetzbuch mit Nebengesetzen und Verordnungen. Von O.Schwarz. 19.umgearb.Aufl. München,Berlin 1956. 1130 S. II Ea 14632

Association Internationale des Juristes Démocrates. Declaration on the nationalisation of the Suez Canal Company. Brüssel 1956.
V Eb 769

Study of State Securities Regulation. A proposed Uniform Securities Act.2 nd draft,Aug.15,1955. Cambridge 1955. 27 S. V Eb 750

(Verfassung und grundlegende Gesetze der Volksrepublik China, russ.:) Konstitucija i osnovnye zakonodatel'nye akty Kitajskoj Narodnoj Respubliki. Moskau 1955. 690 S. III Ea 15485

(Die Verfassung der Karelo-Finnischen SSR,russ.u.finn.:) Konstitucija (osnovnoj zakon) Karelo-Finskoj Sovetskoj Socialističeskoj Respubliki. Petrozavodsk 1955. 68 S. III Ea 15437

Verträge der Bundesrepublik Deutschland. Ser.A: Multilaterale Verträge. Bd 4. Bonn,Köln,Berlin 1956. 575 S. II Ea 13549

Wehrrecht.Sammlung d.Gesetze,Verordnungen u.Durchführungsvorschriften f.d.Bundeswehr mit den Vorschriften des bürgerlichen u.öffentlichen Rechts von wehrrechtlicher Bedeutung,München, Berlin 1956. Loseblattausg. II Ea 14931

Handbuch des Wehrrechts. Vollständige Sammlung aller Gesetze,Verordnungen und Erlasse auf dem Gebiet der Verteidigung. Hrsg.von E.Brandstetter. Lfg.1.2. Köln,Berlin 1956. Loseblattausg. II Ea 14869

Geschichte des zweiten Weltkrieges in Dokumenten. Bd 3: Der Ausbruch des Krieges 1939. Freiburg/Br. 1956. 440 S. II Ea 4827

Zugabe- und Rabattrecht.Komm.von E.Reimer u.A.Krieger. Köln, Berlin 1955. 277 S. II Ea 14431

2.Rechtswissenschaft allgemein

James, Ph.S.: Introduction to English Law. 3 rd ed. London 1955. 485 S. V Ea 15298

Bericht des scheidenden Rektors Fritz Neumark bei der Rektoratsübergabe am 14.Nov.1955-.Geschichte und Bedeutung des Systemgedankens in der Rechtswissenschaft. Rede beim Abtritt d.Rektors Helmut Coing. Frankfurt/M.1956. 50 S. II Ea 14791

Wilhelm, H.: Allgemeine Rechtskunde. 3.neubearb.Aufl. Villingen 1955. 183 S. II Ea 14657

3.Staats-und Rechtstheorie

Abramjan, L.: (S.Spandarjan -ein Verfechter und Propagandist des proletarischen Internationalismus, russ.:) S.Spandarjan -pobornik i propagandist proletarskogo internacionalizma. Erevan 1955. 90 S. III Ea 15098

Aleksandrov,N.G.: (Die Gesetzlichkeit und die Rechtsverhältnisse in der sowjetischen Gesellschaft, russ.:) Zakonnost'i pravootnošenija v sovetskom obščestve. Moskau 1955. 174 S. III Ea 15476

Arendt,H.: Elemente und Ursprünge totaler Herrschaft.(Aus d.Engl. übers.) Frankfurt/M.1955. 782 S. II Ea 14552

Backhaus,H.C.: Volk ohne Führung. Göttingen 1955. 264 S. II Ea 14671

Boguszak,J.: (Staat,Recht u.rechtlichen Institutionen.im System des gesellschaftl.Überbaus, tschech.:) Stát,právo a právní instituce v soustavé společenské nadstavby. Prag 1954. 72 S. IV Ea 15496

Heydte, F.A.von der: Vom heiligen Reich zur geheiligten Volkssouveränität. Schloss Laupheim 1955. 40 S. II Ea 14701

Kim, M.P.: (Das Bündnis der Arbeiterklasse mit der Bauernschaft - eine unbesiegbare Kraft im Kampfe für den Kommunismus,russ.:)Sojuz rabočego klassa i krest'-janstva - nepobedimaja sila v bor'be za kommunizm. Moskau 1955. 39 S. III Ea 15412

Kisch,G.: Humanismus und Jurisprudenz. Der Kampf zwischen mos italicus und mos gallicus an der Universität Basel. Basel 1955. 176 S. V Ea 14556

Konstantinov,F.T.: (Die eigenartigen Formen des Überganges verschiedener Länder zum Sozialismus, russ.:) O svoeobrazii form perechoda razlićnych stran k socializmu. Moskau 1956. 39 S. III Ea 15399

Kozlov,G.A.: (Das ökonomische Grundgesetz des Sozialismus, russ.:) Osnovnoj ekonomičeskij zakon socializma. Moskau 1955. 39 S. III Ea 15406

Malyšev,I.V.: (Von den bürgerlichen und sozialistischen Nationen, russ.:) O nacijach buržuaznych i nacijach socialističeskich. Moskau 1955. 31 S. III Ea 15388

Oelßner, F.: Die Übergangsperiode vom Kapitalismus zum Sozialismus in der DDR. 2.durchges.Aufl. Berlin 1956. 91 S. I Ea 14535

Pak,M.N.: (Aus der Geschichte der Befreiungsbewegung des Koreanischen Volkes, russ.:) Iz istorii osvoboditel'nogo dviženija korejskogo naroda. Moskau 1955. 46 S. III Ea 15373

Posolotin, M.J.: Das albanische Volk im Kampf für den Sozialismus. (Aus d.Russ.übers.) Berlin 1956. 52 S. I Ea 14452

Prinz,F.: Staat und Gesellschaft. München 1955. S.617-654. II Ea 14651

Prinz, F.: Katholische Staatsauffassung. München 1955. S.569-606. II Ea 14652

Sacharov,A.M.: (Die Entstehung des russischen zentralen Staates, russ.:) Obrazovanie russkogo centralizovannogo gosudarstva. Moskau 1955. 38 S. III Ea 15376

Šachnazarov, G.Ch.: (Der bürgerliche Staat in der Epoche des Imperialismus, russ.:) Buržuaznoe gosudarstvo v epochu imperialisma. Moskau 1955. 170 S. III Ea 14583

Schmid,C.: Die Stellung der Gewerkschaften in der heutigen Gesellschaft. Frankfurt/M.1955. 24 S. II Ea 14633

Zirkel zum Studium einiger Grundlagen der Politik der Partei. Der Sozialismus als Weltsystem. Die Rolle der DDR im Lager des Sozialismus. Parteilehrjahr 1956/57. Berlin 1956. 47 S. I Ea 14455

(Die Theorie des Staates und des Rechts,russ.:) Teorija gosudarstva i prava. M.P.Kareva,S.F.Kečekjan [u.a.] Moskau 1955. 459 S. III Ea 15303

Staat-Volk-übernationale Ordnung. Vorträge und Gespräche der 3. Jahrestagung der Abendländischen Akademie 1954.. München 1954. 159 S. II Ea 14643

Macht und Recht. Beiträge zur lutherischen Staatslehre der Gegenwart. Hrsg.von H.Dombois u.E.Wilkens. Berlin 1956. 201 S. II Ea 14877

Tkačenko,J.G.: (Normen des sowjetischen sozialistischen Rechts und ihre Anwendung, russ.:) Normy sovetskogo socialističeskogo prava i ich primenenie. Moskau 1955. 64 S. III Ea 15471

Tumanov,V.A.: (Gegen die gegenwärtige reaktionäre bürgerliche Rechtstheorie, russ.:) Protiv sovremennoj reakcionnoj buržuaznoj teorii prava. Moskau 1955. 31 S. III Ea 15387

Watkins,M.W.: Business and the law. New York 1934. S.179-201. Aus: The Journal of Political Economy. Vol.42.1934, Nr 2. Ea 15548

Weinkauff, H.: Über das Widerstandsrecht. Karlsruhe 1956. 20 S. II Ea 14793

Wiese,L.von: System der allgemeinen Soziologie als Lehre von den sozialen Prozessen und den sozialen Gebilden der Menschen (Beziehungslehre). 3.Aufl.Berlin 1955. 671 S. II Ea 14605

Zarodov, K.: (Die Leninsche Theorie des Hinüberwachsens der bürgerlichen demokratischen Revolution in die sozialistische Revolution, russ.:) Leninskaja teorija pererastanija buržuazno-demokratičeskoj revoljucii v revoljuciju socialističeskuju. Moskau 1956. 55 S. III Ea 15516

4.Geschichte der Staats-und Rechtstheorie

Burlak, V.: (Das Eindringen der marxistischen Idee in Russland in den 40-70er Jahren des XIX.Jahrhunderts, russ.:) Proniknovenie idej marksizma v Rossiju v 40-70-ch godach XIX veka.Moskau 1956. 37 S. III Ea 15402

Hellwig,F.: Die Wege zur wirtschaftlichen Integration. Köln 1955. 3 Bl. II Eb 97

Hume, D.: New Letters of David Hume. Ed.by R.Klibansky and E.C. Mossner. Oxford 1954. 253 S. V Ea 14865

Schätzel,W.: Der Staat. Was Staatsmänner,Politiker und Philosophen über den Staat u.seine Probleme gesagt haben. 2.erw.Aufl. Bremen (um 1952). 484 S. II Ea 14682

Skaltweit,St.: Frankreich und Friedrich der Grosse. Der Aufstieg Preußens in der öffentlichen Meinung des >ancien régime<. Bonn 1952. 201 S. II Ea 14794

5.Staats-und Rechtsgeschichte

Bleicken,J.: Das Volkstribunat der klassischen Republik. Studien zu seiner Entwicklung zwischen 287 und 133 v.Chr. München 1955. 166 S. II Ea 14646

Erler,A.: Das Strassburger Münster im Rechtsleben des Mittelalters. Frankfurt/M.1954. 60 S. II Ea 14925

Feger, O.: Vom Richtebrief zum roten Buch. Die ältere Konstanzer Ratsgesetzgebung. Darstellung und Texte. Konstanz 1955. 194 S. II Ea 14650

Helbig,H.: Der wettinische Ständestaat. Untersuchungen zur Geschichte des Ständewesens und der landständischen Verfassung in Mitteldeutschland bis 1485. Münster,Köln 1955. 502 S.II Ea 14621

Joachimsen, P.: Vom deutschen Volk zum deutschen Staat. Eine Geschichte des deutschen Nationalbewußtseins. 3.Aufl. Göttingen 1956. 136 S. II Ea 14776

Kersten, K.: Die deutsche Revolution 1848-1849. Frankfurt/M.1955. 364 S. II Ea 14550

Die Gesetze des Merowingerreiches 481-714. Hrsg.von K.A.Eckhardt. 1: Pactus legis salicae: Recensiones Merovingicae. Berlin, Frankfurt/M.,Göttingen 1955. 245 S. II Ea 14629

Plöchl,W.M.: Geschichte des Kirchenrechts. Bd 2: Das Kirchenrecht der abendländischen Christenheit 1055 bis 1517. München 1955. 499 S. II Ea 14662

(Lehrprogramm für das römische Recht, russ.:) Programma po rimskomu pravu. Moskau 1952. 7 Bl. III Ea 15478

Rostovtzeff, M.: Gesellschafts-und Wirtschaftsgeschichte der hellenistischen Welt. (Aus d.Engl.übers.)Bd 2. Darmstadt 1955. S.478-1062. II Ea 14265

Das Landrecht des Sachsenspiegels.Hrsg.von K.A.Eckhardt. 2.Bearb. Frankfurt/M.1955. 144 S. II Ea 14626

Schultz, L.: Russische Rechtsgeschichte von den Anfängen bis zur Gegenwart einschließlich des Rechts der Sowjetunion. Schauenburg/Lahr 1951. 340 S. II Ea 14619

Schulz, F.: Classical roman Law. Oxford 1951. 650 S. V Ea 14874

Smith,G.: A constitutional and legal history of England. New York 1955. 565 S. V Ea 14954

(Geschichte des Staates und des Rechts der neueren Zeit. (ČSR,Bulgarien,Polen,Rumänien) russ.:) Istorija gosudarstva i prava novejšego vremeni (Čechoslovakija,Bolgarija,Pol'ša,Rumynija). Pod.red. G.S.Kalinina. Moskau 1955. 166 S. III Ea 15378

Hamburgisches Urkundenbuch. Hrsg.vom Staatsarchiv Hamburg. Bd 3. Hamburg 1953. 428 S. II Eb 381

Nürnberger Urkundenbuch. Hrsg. vom Stadtrat zu Nürnberg. Bearb. vom Stadtarchiv Nürnberg. Lfg 1-4. Nürnberg 1951 ff. II Ea 14786

Weisenborn, G.: Der lautlose Aufstand. Bericht über die Widerstandsbewegung des dt.Volkes 1933-1945. 2.,verm.u.verb.Aufl. Hamburg 1954. 360 S. II Ea 14669

6.Völkerrecht und Außenpolitik

Balladore Pallieri, G.: Diritto bellico. 2.ed. Padua 1954. 464 S. V Ea 14855

Bartoš,M.: (Gegenwärtige internationale Probleme, slowen.:) Savremeni medunarodni problemi. Serajewo 1955. 180 S.IV Ea 15257

Chafee, Z.: Federal and State Powers under the uncovenant on human rights. Harvard 1951. S.390-473. Aus: Wisconsin Law Review. 1951,May. V Ea 15284

Cheever,D.S.;H.F.Haviland: Organizing for peace. International organization in world affairs. Cambridge 1954. 917 S.V Ea 14267

Report to the President on the Foreign Operations Administration. Washington 1955. 22 S. V Ea 15323

Gamajunov,L.S.: (Die Entstehung, Entwicklung Festigung der Freundschaft zwischen der Sowjetunion und Indien, russ.:) Zaroždenie, razvitie i ukreplenie družby meždu Sovetskim Sojuzom i Indiej. Moskau 1956. 39 S. III Ea 15409

Grigorjew,L.; S.Olentjew: (Der Kampf der UdSSR für Frieden und Sicherheit in Europa, 1925-1933, russ.:) Bor'ba SSSR za mir i bezopasnost'v Evrope 1925-1933 gg. Moskau 1956. 158 S.III Ea 14838

Hofmann, E.G.: Der Grundsatz der Freiheit der Seeschiffahrt im Völkerrecht unter bes.Berücksichtigung des Prinzips der Gleichbehandlung. Kiel 1956. 172 S. II Eb 770

Hořec,J.: (Wege zum Diktat von München, tschech.:) Cesty,ktoré viedlik Mnichovu. Bratislava 1955. 461 S. IV Ea 14407

Klein,F.: Die mittelbare Haftung im Völkerrecht. Die Haftung eines Völkerrechtssubjektes für das völkerrechtswidrige Verhalten eines anderen Völkerrechtssubjektes. Frankfurt/M.1941.337 S. Ea 14920

Kortunov,V.V.: (Die friedliche Koexistenz der Staaten - die Grundlage der sowjetischen Aussenpolitik, russ.:) Mirnoe sosuščestvovanie gosudarstv -osnova sovetskoj vnešnej politiki. Moskau 1955. 38 S. III Ea 15385

Kotov,M.I.: (Die grosse Vereinigung der friedliebenden Kräfte, russ.:) Velikoe edinenie miroljubivych sil. Moskau 1955. 38 S. III Ea 15403

Koževnikov, F.I.: (Der Grosse Vaterländische Krieg der Sowjetunion und einige Fragen des Völkerrechts, russ.:) Velikaja otečestvennaja vojna sovetskogo sojuza i nekotor'ye voprosy meždunarodnogo prava. Moskau 1954. 219 S. III Ea 15431

Kraus, H.;U.Scheuner: Rechtsfragen der Rheinschiffahrt. 2 Rechtsgutachten. Frankfurt/M. 1956. 187 S. II Ea 14672

Leont'ev, B.L.: (Die Aussenpolitik des Sowjetstaates ist eine Politik des Friedens, russ.:) Vnešnjaja politika sovetskogo gosudarstva - politika mira. Moskau 1956. 83 S. III Ea 14962

Rechtsprechungskartei des internationalen Luftrechts. Beil. der Zeitschrift für Luftrecht. Lfg 1 ff. Berlin,Köln 1956. II Ea 15497

Machowski,J.: (Internationale Organisationen, poln.:) Organizacje miedzynarodowe. Warschau 1956. 299 S. IV Ea 15538

Mac Nair, A.D.: The Development of International Justice. New York 1956. 34 S. V Ea 15580

Meissner, B.:Die Sowjetunion, die baltischen Staaten und das Völkerrecht. Köln 1956. 377 S. II Ea 14557

Mouton,M.W.: The Continental Shelf. Den Haag 1952. 367 S. V Ea 14860

Status of the Pan American Treaties and Conventions (Rev.to August 1, 1952 by the Division of Law and Treaties of the Pan American Union.)Washington 1952. 27 S. V Ea 15318

Pannwitz,R.: Aufgaben Europas. Bremen 1956. 18 S. II Ea 14645

Peck,J.: Das imperialistische Kriegspaktsystem und seine Krise. Berlin 1956. 75 S. I Ea 14564

Popov,M.V.: (Der amerikanische Imperialismus im Iran während des zweiten Weltkrieges, russ.:) Amerikanskij imperializm v Irane v gody vtoroj mirovoj vojny. Moskau 1956. 289 S. III Ea 14588

Rauschning,D.: Der Streit um den Suezkanal- Analyse - Materialien-Bibliographie. Hamburg 1956. 187 Bl. II Eb 759

Soder,J.: Die Vereinten Nationen und die Nichtmitglieder. Zum Problem der Weltstaatenorganisation. Bonn 1956. 283 S.II Ea 14658

Šuršalov,V.M.: (Das Regime der internationalen Vormundschaft,russ.:) Režim meždunarodnoj opeki. Moskau 1951. 189 S. III Ea 15525

Svarlien, O.: An Introduction to the law of nations. New York, Toronto,London 1955. 478 S. V Ea 14866

Tol'cenov,M.P.: (Die Kriegsblöcke der imperialistischen Staaten - eine Bedrohung des Friedens und der Sicherheit der Völker,russ.:) Voennye bloki imperialističeskich gosudarstv - ugroza miru i bezopasnosti narodov. Moskau 1956. 39 S. III Ea 15380

Ušakov,N.A.: (Der Kampf der UdSSR um die Einhaltung der Charta der Vereinten Nationen, russ.:) Bor'ba SSSR za sobljudenie ustava Organizacii Ob-edinennych Nacij. Moskau 1955. 63 S. III Ea 15446

Gegenwartsprobleme der Vereinten Nationen. Vorträge,geh.im Rahmen d v.Institut f.Völkerrecht d.Universität Göttingen ... veranstalteten Seminarwoche über d.Vereinten Nationen. Göttingen,Berlin, Frankfurt/M. 1955. 196 S. II Ea 14878

Wengler,W.: Der Begriff des Politischen im internationalen Recht. Tübingen 1956. 60 S. II Ea 14926

7.Staatsrecht

Becker, H.J.: Zur Rechtsproblematik des Reichskonkordats. München 1956. 151 S. II Ea 14668

Breitling, R.: Die Verbände in der Bundesrepublik. Ihre Arten und ihre politische Wirkungsweise. Meisenheim/Glan 1955. 303 S. II Ea 14560

Campion;W.S.Lidderdale: European Parliamentary Procedure. A comparative handbook. London 1953. 270 S. V Ea 14876

Castellan,G.: DDR.Allemagne de l'est. Avec la collaboration de M. Barth u.a. Paris 1955. 411 S. V Ea 14555

D'jakov,A.M.: (Die Republik Indien, russ.:) Respublika Indija. Moskau 1955. 38 S. III Ea 15413

Fischer,E.: Deine Rechte im Staat. Eine gemeinverständliche Darstellung der Grundrechte. 6.Aufl. Berlin 1956. 151 S. II Ea 14664

Fritzsche,H.: Der Personalrat. Personalvertretungsgesetz. Berlin 1955. 184 S. II Ea 14561

Genov,G.P.: Bulgaria and the treaty of Neuilly. Sofia 1935. 186 S. Ea 15290

(Ausgewählte Gerichtsansprachen bekannter russischer Juristen, russ.:) Sudebnye reči isvesmnych russkich juristov. Moskau 1956. 687 S. III Ea 14823

Hallstein,W.: Der Schumann - Plan. Nachschrift des am 28.April 1951 in der Aula der Johann Wolfgang Goethe-Universität Frankfurt/M.1951. 29 S. II Ea 14917

Kaiser, J.H.: Die Repräsantation organisierter Interessen. Berlin 1956. 378 S. II Ea 14778

Karpec,I.I.: (Die Tätigkeit der örtlichen Sowjets bei der Festigung der gesellschaftlichen Ordnung, russ.:) Dejatel'nost'mestnych sovetov po ukrepleniju obščestvennogo porjadka. Moskau 1956. 42 S. III Ea 14585

Khadduri,M.: War and peace in the law of Islam. Baltimore 1955. 321 S. V Ea 14956

Lemberg, E.: Völker und Volksgruppen im Exil. München 1953. 60 S. II Ea 14872

Longi,V.;M.Stramacci: (Die Kommissionen des Parlaments und die Verfassung,ital.:) Le Commissioni parlamentari e la constituzione. Mailand 1953. 72 S. V Ea 14859

American Bar Association. Special Committee on Military Justice. Resolutions. New York 1949. 11,4 Bl. V Eb 760

Die Nationale Volksarmee der Deutschen Demokratischen Republik. Berlin 1956. 48 S. I Ea 14904

O'Connell,D.P.: The Law of state succession. Cambridge 1956. 425 S. V Ea 14952

Podkopaev, I.Ja.: (Die demokratische Republik Vietnam, russ.:) Demokratičeskaja respublika V'etnam. Moskau 1955. 39 S. III Ea 15407

Rákosi,M.: (Für das sozialistische Ungarn, ungar.:) A szocialista magyarországért. Budapest 1955. 636 S, IV Ea 14408

Rosenberg,A.: Entstehung und Geschichte der Weimarer Republik. Frankfurt/M.1955. 502 S. II Ea 14615

Shientag, B.L.: The Constitution and the United States Supreme Court. New York 1936. 11 S. Ea 15321

Sudarikov, N.G.: (Die Staatsordnung in der Volksrepublik China, russ.:) Gosudarstvennyj stroj kitajskoj narodnoj respubliki. Moskau 1956. 47 S. III Ea 15396

Thieme,W.: Deutsches Hochschulrecht. Das Recht d.wiss.Hochschulen in d.Bundesrepublik Deutschland u.im Lande Berlin. Berlin,Köln 1956. 491 S. II Ea 14819

Unkelbach,H.: Grundlagen der Wahlsystematik. Stabilitätsbedingungen der parlamentarischen Demokratie. Göttingen 1956. 215 S. II Ea 14692

Uzjanov,A.N.: (Birma im Kampfe um die Festigung seiner Unabhängigkeit, russ.:) Birma v bor'be za upročenie svoej nezavisimosti. Moskau 1956. 39 S. III Ea 15397

Die CDU Saar im Abstimmungskampf. Stellungnahmen u.Referate zur Volksbefragung am 23.Okt.1955. Hrsg.v.d.Geschäftsstelle d.CDU Saar. Saarlouis 1955. 78 S. II Ea 14694

Die Wahlen in der Sowjetzone. Dokumente u.Materialien. Hrsg.v.Bundesministerium f.Gesamtdeutsche Fragen. Bonn 1956. 102 S. II Ea 14780

Walz,H.: Das britische Kolonialreich. Stuttgart 1955. 327 S. II Ea 14635

Zeller,B.: The Federal Regulation of Lobbying Act.Washington 1948. S.239-271. Aus: The American Political Science Review.Vol.42. 1948, Nr 2. V Ea 15543

8.Verwaltungsrecht

Damerow, E.: Handbuch des Versicherungsrechts der DDR unter Ausschluss der Sozialversicherung.T.1.2. Berlin 1956. T.1: 239 S. T.2: 105 S. I Ea 14805

Heinrichs,W.: Die Grundlagen der Bedarfsforschung. Ihre Bedeutung für die Planung des Warenumsatzes und der Warenbereitstellung im staatlichen und genossenschaftlichen Handel der DDR. Berlin 1955. 176 S. I Ea 14913

Muencks,H.H.: Die Beiladung im Verwaltungsstreitverfahren. Mainz 1956. 79 Bl. Mainz,Jur.Fak.,Diss.v.3.5.1956 II Eb 754

Nölle,A.: Polizeiliche Grundsätze und Begriffe. Polizeirecht für Schule und Praxis. 4.verb.Aufl. Köln,Berlin 1955. 212 S. II Ea 14871

Einige Probleme der Planung,der Finanzkontrolle und der Handelspraxis.(Aus d.Russ.übers.) Berlin 1956. 142 S. I Ea 14454

Ridgeway,M.E.: The Missouri Basin's Pick-Sloan plan. A case study in congressional policy determination. Urbana 1955. 403 S. V Ea 14510

Schärl,W.: Die Zusammensetzung der bayrischen Beamtenschaft von 1806 bis 1918. Kallmünz 1955. 407 S. II Ea 14800

Vavpetič,L.: (Über die Besonderheiten des allgemeinen Verwaltungsverfahrens in unserer Gesellschaftsordnung,slowen.:) O posebnostih splošnega upravnega postopnika v nasi družbeni ureditvi. Ljubljana 1955. 115 S. IV Ea 15589

Das Verwaltungsrecht der Deutschen Demokratischen Republik. Allgem.Teil. Berlin 1956. 152 S. I Ea 15572

Verwaltungsrechtsprechung in Deutschland. Sammlung oberstrichterlicher Entscheidungen aus d.Verfassungs-u.Verwaltungsrecht. Hrsg. v.G.Ziegler. Bd 7; 8 H.1-3 München,Berlin 1955. II Ea 5383

9.Finanz-,Steuer-und Preisrecht

Knauthe,E.: Der Finanzplan des volkseigenen Industriebetriebes. 2.überarb.u.erg.Aufl. Berlin 1956. 132 S. I Ea 14580

Kohlmey,G.;Ch.Dewey: Bankensystem und Geldumlauf in der Deutschen Demokratischen Republik 1945-1955 - Gesetzessammlung und Einführung -. Berlin 1956. 592 S. I Ea 14898

Pötzsch,K.: Der Rechtsschutz der Bürger im Besteuerungsverfahren. Berlin 1956. 111 S. I Ea 14908

Pokoren,J.: (Einführung in die Finanzen,slowen.:) Uvod v finance. Ljubljana 1953. 149 S. IV Ea 15595

Wockenfoth,K.: Wegweiser durch Grundbegriffe und Gegenwartsfragen der Zollpolitik. Köln 1955. 26 S. II Ea 14790

10.Strafrecht,Strafprozeß

Berliner Statistik. Hrsg.: Statistisches Landesamt Berlin. Die rechtskräftig abgeurteilten Personen in Westberlin. 1951-1953. 1954. 2 Bde. Berlin 1954-1955. Bd 1: 111 S. Bd 2: 36 S. II Eb 377

Bažanov,M.I.: (Zeugen,ihre Rechte und Pflichten nach dem sowjetischen Strafprozessgesetz, russ.:) Svideteli,ich prava i objazannosti po sovetskomu ugolovno-processual'nomu zakonodatel'stvu. Moskau 1955. 35 S. III Ea 15438

Federal Rules of Criminal Procedure. Preliminary draft. With notes and forms.Prepared bythe Advisory Committee on Rules of Criminal Procedure. Appointed by the Supreme Court of the United States. Washington 1953. 293 S. Ea 15540

Domachin,S.A.: (Die äusserste Notwendigkeit im sowjetischen Strafrecht,russ.:) Krajnjaja neobchodimost'po sovetskomu ugolovnomu pravu. Moskau 1955. 77 S. III Ea 15445

(Zu Fragen des Schutzes des sozialistischen Eigentums im sowjetischen Strafrecht, tschech.:) K otázkám ochrany socialistického vlastnictví v sovětském trestním právu. Prag 1955. 214 S.
IV Eb 745

Foote,A.: Handbuch für Spione. (Aus dem Engl.übers.) Darmstadt 1954. 227 S. II Ea 14799

Gercenzon, A.A.: (Die strafrechtliche Theorie Jean Paul Marats, russ.:) Ugolovno-pravovaja teorija Žana Polja Marata. Moskau 1956. 245 S. III Ea 15487

Haefliger,A.: Der Begriff der Urkunde im schweizerischen Strafrecht < Art.110 StGB >. La Notion de titre en droit pénal suisse < CP Art.110 >. Preisarbeit d.Schweizerischen Juristenvereins. Basel 1952. 76 S. V Ea 14623

Hauff,W.von: Das Problem der Euthanasie.2.Aufl. (Vernichtung lebensunwerten Lebens) im Blickfeld des Materialisten, Arztes und Christen. Neuffen/Württ. 1956. 19 S. II Ea 14649

Kaufmann,A.: Das Unrechtsbewusstsein in der Schuldlehre des Strafrechts. Zugleich ein Leitfaden durch d.moderne Schuldlehre. Mainz 1949. 241 S. II Ea 14784

Schweizerische Kriminalstatistik 1954. Bern 1955. 45 S. V Eb 147

Markarewicz,J.: (Strafrecht,poln.:) Prawo karne. Warschau 1924. 311 S. Ea 15319

Meinert, F.: Vernehmungstechnik. 4.verb.Aufl. Lübeck 1956. 258 S.
II Ea 14797

Meyer,F.: Rückfallsprognose bei unbestimmt verurteilten Jugendlichen. Bonn 1956. 141 S. II Ea 14638

Mieskes,H.: Der Jugendliche in der Situation der Straffälligkeit. Untersuchg zum Problem Erziehung oder Strafe. Jena 1956. 548 S.
I Ea 14604

Noll,P.: Übergesetzliche Rechtfertigungsgründe,im besonderen die Einwilligung des Verletzten. Basel 1955. 139 S. V Ea 14624

Petrocelli,B.: (Prinzipien des Strafrechts,ital.:) Principi di diritto penale. Vol.1. Neapel 1955. 326 S. V Ea 14857

Poljanskij,N.N.: (Fragen der Theorie des sowjetischen Strafprozesses,russ.:) Voprosy teorii sovetskogo ugolovnogo processa. Moskau 1956. 271 S. III Ea 14851

Prison Labour. United Nations, Department of economic and social affairs. New York 1955. 97 S. V Ea 15324

Quidam, E.: Die roten Roben von Karlsruhe. Berlin 1956. 211 S.
I Ea 14566

Rachunov,R.D.: (Die Zeugenaussagen im sowjetischen Strafprozess, russ.:) Svidetel'skie pokazanija v sovetskom ugolovnom processe. Moskau 1955. 162 S. III Ea 15459

Schüsseler,R.: Das Wesen der Übertretungen im Strafrecht der Deutschen Demokratischen Republik und das Verfahren bei der Bestrafung von Übertretungen. Berlin 1956. 143 S. I Ea 14884

(Die Grundprinzipien der Strafprozeßordnung der UdSSR und der Unionsrepubliken, russ.:) Osnovy ugolovnogo sudoproizvodstva Sojuza SSR i sojuznych respublik. Moskau 1956. 14 S. III Ea 14841

(Fragen des Strafrechts und Strafprozesses, russ.:) Voprosy ugolovnogo prava processa. Moskau 1956. 265 S. III Ea 14847

(Das tschechoslowakische Strafrecht T.1.2. tschech.:) Československé trestné pravo. Zv.1.2. Bratislava 1956. T.1: 455 S.T.2: 479 S. IV Ea 15294

Nachschlagewerk des Bundesgerichtshofes in Zivilsachen,hrsg.von Lindenmaier u.Ph.Möhring, in Strafsachen hrsg.von H.Jagusch, W.Fränkel,C.F.von Stackelberg. Kurzausgabe 1950-1955. München, Berlin 1956. 2069 S. II Ea 14646

Wechsler,H.: The Challenge of a Model Penal Code.Cambridge 1952. S.1o97-1133. Aus: Harvard Law Review.Vol.65.1952,Nr 7. V Ea 15549

11.Kriminalistik,Gerichtliche Medizin,Gerichtspsychiatrie,-psychologie

Pietrusky,F.: Das Blutgruppengutachten. Ausführungen zu seinem Verständnis und seiner Bewertung f.Juristen,Kriminalisten u.Jugendämter. 2.erw.Aufl. München,Berlin 1956. 57 S. II Ea 14683

Zirpins, W.: Polizeiliche Verbrechensbekämpfung. Braunschweig 1955. 2 Taf. II Eb 372

12.Gerichtsverfassung(einschließlich Staatsanwaltschaft Justizverwaltung,Notariat,Anwaltschaft)

Bodin,H.S.: Pleading and practice before Trial. New York 1946.64 S. V Ea 15288

Kustanovič,S.D.: (Die Gerichtsballistik, russ.:) Sudebnaja ballistika. Moskau 1956. 407 S. III Ea 14969

Rodell,F.: Nine Men. A political history of the supreme court from 1790 to 1955. New York 1955. 338 S. V Ea 14697

Zdrojkowski,Z.: (Theodor Ostrowski < 1750-1802 > ein Autor des alten poln.Gerichtsrechts,poln.:) Teodor Ostrowski < 1750-1802 > pisarz dawnego polskiego prawa sadowego. Warschau 1956. 325 S. IV Ea 15118

13.Zivilrecht

Antimonov,B.S.;K.A.Grave: (Das sowjetische Erbrecht,russ.:) Sovetskoe nasledstvennoe pravo. Moskau 1955. 264 S. III Ea 15481

Bobrowski,P.: Liefervertrag und Lieferbedingungen. Karlsruhe 1956. 300 S. II Ea 14812

Boehmer,G.: Einführung in das bürgerliche Recht. Tübingen 1954. 290 S. II Ea 14927

Conrad,H.: Individuum und Gemeinschaft in der Privatrechtsordnung des 18.und beginnenden 19.Jahrhunderts. Karlsruhe 1956. 38 S. II Ea 14639

Esser,J.: Grundsatz und Norm in der richterlichen Fortbildung des Privatrechts. Rechtsvergleichende Beiträge zur Rechtsquellen- und Interpretationslehre. Tübingen 1956. 394 S. II Ea 14928

Finžgar,A.: (Zivilrecht-Sachenrecht, slowen.:) Civilno pravo. Stvarno pravo.Ljubljana 1952. 143 S. IV Ea 15593

Ioffe,O.S.: (Die Verantwortlichkeit nach dem sowjetischen Zivilrecht,slowen.:) Otvetstvennost'po sovetskomu graždanskomu pravu. Leningrad 1955. 308 S. III Ea 15524

Lent,F.: Sachenrecht. Ein Studienbuch. 5.durchges.u.erg.Aufl. München,Berlin 1955. 247 S. II Ea 14628

Müller-Freienfels, W.: Die Vertretung beim Rechtsgeschäft. Tübingen 1955. 432 S. II Ea 14661

Das Sachenrecht der Deutschen Demokratischen Republik. T.1. Eigentumsrecht. Berlin 1956. 78 S. I Ea 15567

Thayer,J.B.: Correality in Roman Law. Washington 1943. 19 S. Ea 15539

Nachschlagewerk des Bundesgerichtshofes in Zivilsachen hrsg.von Lindenmaier u.Ph.Möhring,in Strafsachen hrsg.von H.Jagusch,W.Fränkel,C.F.von Stackelberg. Kurzausgabe 1950-1955. München,Berlin 1956. 2069 S. II Ea 14646

14.Urheber-und Erfinderrecht

Peise,W.: Anleitung zur Nutzenermittlung bei Verbesserungsvorschlägen,Patenten und Gebrauchsmustern. Berlin 1956. 54 S.I Ea 14410

Sutermeister,P.: Das Urheberrecht am Film. Basel 1955. 71 S. V Ea 14620

Welturheberrechtsabkommen. Komm.von W.Goldbaum. Berlin,Frankfurt/M. 1956. 118 S. II Ea 14640

15.Vertragssystem und vertragsgerichtliches Verfahren

Bratus',S.N.;L.A.Lunc: (Fragen des Wirtschaftsvertrages,russ.:) Voprosy chozjajstvennogo dogovora. Moskau 1954. 154 S. III Ea 15425

Ramzajeev, D.F.: (Die See-Arbitrage in der Sowjetunion,russ.:) Morskoj arbitraž v sovetskom sojuze. Moskau 1956. 37 S. III Ea 14598

16. Handelsrecht, Wertpapierrecht, Kartell- und Wettbewerbsrecht

Statistik der Bundesrepublik Deutschland. Die Abschlüsse der Aktiengesellschaften für die Geschäftsjahre 1950 und 1951. Stuttgart 1954. 92 S. II Eb 373

Organisation und Technik des Aussenhandels. Von J.Nykryn u.a. Berlin 1956. 826 S. I Ea 14912

Capelle,K.-H.: Handelsrecht <ohne Gesellschafts- und Seerecht.> Ein Studienbuch. 4.erg.Aufl. München,Berlin 1955. 132 S. II Ea 14627

Demelius,H.: Gläubigerschutz und Gläubigerbefriedigung. Ein Beitrag zum österreichischen Genossenschaftsrecht. Göttingen 1955. 32 S. II Ea 14774

Fituni,L.A.: (Zwischenstaatliche Handelsverträge und Handelsabkommen, russ.:) Meždugosudarstvennye torgovye dogovory i soglašenija.- Moskau 1955. 114 S. III Ea 15469

Lehnich,O.: Die Wettbewerbsbeschränkung. Eine Grundlegung. Köln, Berlin 1956. 692 S. II Ea 14815

Pavone La Rosa, A.: (Das Handelsregister,ital.:) Il registro delle imprese. Mailand 1954. 664 S. V Ea 15586

Pretnar,S.:(Abriss des vergleichenden Handelsrechts, T.1.2.,slowen.:) Oris primerjalnega trgovinskega prava. Del.1.2. Ljubljana 1953-1955. T.1: 162 S. T.2: 247 S. IV Ea 15592

Tautscher,A.: Aufgaben und Grenzen der Genossenschaften. Paderborn 1955. 37 S. II Ea 14691

17. LPG-Recht, Bodenrecht, Landwirtschaftsrecht

Aleksandrov,P.A.: (Die KPdSU im Kampf um die Kollektivierung der Landwirtschaft,russ.:) Kommunističeskaja partija sovetskogo sojuza v bor'be za kollektivizaciju sol'skogo chozjajstva. Moskau 1955. 47 S. III Ea 15368

Kozodoev,I.I.: (Bodenrente und Agrarverhältnisse im Kapitalismus, russ.:) Zemel'naja renta pri kapitalizme. Moskau 1956. 142 S. III Ea 14968

Studium des landwirtschaftlichen Pachtwesens in England. Teilnehmer u.Berichterstatter P.Becker,W.v.Froreich u.a. Frankfurt/M. 1955. 32 S. II Ea 14681

Pavlov,I.V.: (Das persönliche Eigentumsrecht des kollektivwirtschaftlichen Hofes, russ.:) Pravo ličnoj sobstvennosti kolchoznogo dvora. Moskau 1955. 61 S. III Ea 15443

Peck,H.W.: The economic status of agriculture. New York 1926. 641 S. Ea 15315

Statut der VdgB (BHG). Berlin 1955. 21 S. I Ea 15312

18. Familienrecht

Woopen, A.: Die Zivilehe und der Grundsatz der Unauflöslichkeit der Ehe in der Entwicklung des italienischen Zivilrechts. Köln, Opladen 1956. 78 S. II Ea 14654

19. Zivilprozeß und Freiwillige Gerichtsbarkeit

Hpdes, F.: Kostenrechtsprechung seit 1945 in Zivilsachen und in Angelegenheiten der freiwilligen Gerichtsbarkeit. Nach dem Stande v.1.Jàn.1956. Flensburg 1956. 306 S. II Ea 14775

Judel'son, K.S.: (Gerichtliche Beweise und ihre praktische Anwendung im sowjetischen Zivilprozeß,russ.:) Sudebnye dokazatel'stva i praktika ich ispol'zovanija v sovetskom graždanskom processe. Moskau 1956. 250 S. III Ea 14842

Judel'son,K.S.: (Das Problem der Beweisführung im sowjetischen Zivilprozeß,russ.:) Problema dokazyvanija v sovetskom graždanskom processe. Moskau 1951. 294 S. III Ea 15436

20. Arbeits-und Sozialrecht incl. Verfahren

Betriebsklima. Eine industriesoziologische Untersuchung aus dem Ruhrgebiet. Frankfurt/M.1955. 120 S. II Ea 14641

Braunwarth,H.: Die Spanne zwischen Männer- und Frauenlöhnen. Tatsächliche Entwicklung und kritische Erörterung ihrer Berechtigung. Köln 1955. 175 S. II Ea 14275

Erdmann,G.: Die Sozialordnung in der Entscheidung.Köln 1955. 4 Bl. II Eb 97

Pašerstnik, A.E.: (Untersuchungen von Arbeitsstreitigkeiten, russ.:) Rassmotrenie trudovych sporov. Moskau 1956. 148 S. III Ea 15423

Pulec, V.: Die Gewerkschaftsbewegung in den Vereinigten Staaten von Amerika.(Aus d.Tschech.übers.) Berlin 1956.215 S. I Ea 14536

Schroers,F.: Wertschaffende Arbeitslosenfürsorge. Stuttgart,Köln 1955. 231 S. II Ea 14677

Social Forces in the Middle East. Ed.by S.N.Fisher. Ithaca, New York 1955. 282 S. V Ea 14883

Statistik der Bundesrepublik Deutschland. Die sozialen Verhältnisse der Renten und Unterstützungsempfänger.H.1: Die Sozialleistungen nach Leistungsfällen und Empfängern im Sept.1953.Hrsg.: Statistisches Bundesamt Wiesbaden.Stuttgart,Köln 1955.155 S.II Eb 361

Urbanec,A.;J.Kotek: (Erholungsurlaub,tschech.:)Dovolená na zotavenou. Prag 1956. 158 S. IV Ea 14591

21. Internationales Privatrecht

Kollewijn,R.D.: American-Dutch Private International Law. New York 1955. 63 S. V Ea 15296

D. ÜBERSETZUNGEN AUS DER ZEITSCHRIFT "SOVETSKOE GOSUDARSTVO I PRAVO[1])

Inhaltsverzeichnis von 1956,Heft 7:

Tunkin,G.J.: Die friedliche Koexistenz und das Völkerrecht . S. 3 - 13

Piskotin,M.J.: Über die Budgetrechte des Obersten Sowjets der UdSSR. S.14 - 24

Sučkov,V.V.(Sutschkow,W.W.) Die Teilnahme der werktätigen Massen am Kampf der Zentralen Kontrollkommission und der Arbeiter- und Bauerninspektion für die Vervollkommnung des Staatsapparates. S.25 - 37

Šargorodskij,M.D.(Schargorodskij,M.D.):Einige Fragen des Kausalzusammenhangs in der Rechtstheorie . S.38 - 51

Oltjanu,O.;I.Benditer: Das höchste Organ der Staatsgewalt der Volksrepublik Rumänien. S.52 - 60

Alekseev,S.S.;E.D.Šešenin(Aleksejew,S.S.;E.D.Scheschenin): Die zivilrechtlichen Formen der Kreditgewährung für den individuellen Wohnungsbau. S.61 - 71

Karavaev,V.V.(Karawajew,V.V.):Einige Fragen der Unterstützung bei zeitweiliger Invalidität. S.72 - 84

Sacharov,A.B.(Sacharow,A.B.)Der strafrechtliche Sicherheitsschutz der Arbeitsbedingungen. S.85 - 92

Aleksandrov-Dol'nik,M.K.:Über die Verantwortlichkeit der Eisenbahnen für die Unversehrtheit der Frachten. S.93 -103

Übersicht über die Gerichtspraxis

Ostrouchova,V.M.;M.M.Koldobskaja(Ostrouchowa,W.M.; M.M.Koldobskaja):Einige Ergebnisse aus der Verallgemeinerung der Gerichtspraxis in Arbeitsrechtsstreiten. S.103 - 106

Kiričenko,,V.F.;G.A.Mendel'son;Ju.M.Tkačevskij (Kiritschenko,W.F.; G.A.Mendelson;Ju.M.Tkatschewskij):Die strafrechtliche Verantwortlichkeit für geringfügige Entwendungen. S.107 - 112

Mitteilungen

Valiachmetov,G.M.(Waliachmetow,G.M.):Der innere Aufbau Tibets. S.113 - 117

1) Die hier angezeigten Artikel werden laufend übersetzt und sind gemäss der Benutzungsordnung der Bibliothek des Deutschen Instituts für Rechtswissenschaft ausleihfähig.

Spirin, V.G.: Das Problem der Hoheitsgewässer in der Praxis lateinamerikanischer Länder. S.118 - 122

Leserbriefe

Frejdman, S.L.: Einige Bemerkungen zur Zeitschrift "Sowjetstaat und Sowjetrecht" Nr.2/1956 S.123

Chronik des wissenschaftlichen Lebens

Die Diskussion über die Arbeit der Zeitschrift "Sowjetstaat und Sowjetrecht" in den Sitzungen des Autoren- und Leseraktivs. S.124 -127

Verteidigung von Doktordissertationen S.128 -129

Rezensionen

Ignatenko,G.V.: Die Verfassung und die grundlegenden Gesetzgebungsakte der Volksrepublik China. S.130 -133

Chalfina, R.O.: O.S.Ioffe, Die Verantwortlichkeit nach dem sowjetischen Zivilrecht S.134 -137

Farberov,N.P.(Farberow,N.R.): B.L.Borisov, Die örtlichen Organe der Staatsgewalt der europäischen Länder der Volksdemokratie S.138 -141

Vaksberg,A.I.;I.A.Grinol'c(Waksberg,A.I;I.A.Grinolz): M.V.Gordon, Das sowjetische Urheberrecht. S.142 -145

Die Rechtswissenschaft im Ausland

Kurze Bemerkungen

Die wissenschaftlichen Tagungen der juristischen Institute und Fakultäten der Rumänischen Volksrepublik S.146 -147

Krutogolov, M.A.: Chronik S.148

Über die Zeitschriften der Länder der Volksdemokratie

Lebedev,M.P.(Lebedew,M.P.): Übersicht über die tschechoslowakische juristische Zeitschrift "Právnik", Jahrgang 1955 S.149 -153

Neuerscheinungen

Onan,E.S.: Benjamine Fine, 1 Million Verbrecher S.154 -158

Bibliographie

Juristische Literatur aus den Ländern der Volksdemokratie. Tschechoslowakische Republik(1955) S.159 -162

Juristische Literatur des sonstigen Auslands. Staatsrecht (1954-1955) S.163 -167

Inhaltsverzeichnis von 1956, Heft 8:

Für die Verbesserung der juristischen Ausbildung in der UdSSR. S.3 --12

Über die juristische Natur der Richtlinien des Plenums des Obersten Gerichts der UdSSR. S.13 - 21

Frejdman, Z.M.: Einige Fragen der Vertragspraxis. S.22 - 33

Rachunov,R.D.(Rachunow,R.D.): Die Bedeutung des Geständnisses des Beschuldigten für die Beweisführung nach dem sowjetischen Strafprozeß. S.34 - 43

Šalamov,M.P.(Schalamow,M.P.): Zur Frage der Würdigung des Geständnisses des Beschuldigten. S.44 - 50

Loginov,P.V.(Loginow,P.W.): Über das System der Zivilprozeßordnung der RSFSR und einige Fragen des Zivilprozesses.S.51 -60

Šavrov,J.M.(Schawrow,J.M.): Die Entwicklung der Verfassung der Tschechoslowakischen Republik. S.62 - 72

Ivanov,F.(Iwanow,F.): Der internationale Gerichtshof über den internationalen Status Südwest-Afrikas. S.73 - 81

Šarmazanašvili,G.V.(Scharmasanaschwili,G.W.): Der Nichtangriff - ein Prinzip des Schutzes des Friedens und der internationalen Sicherheit. S.82 - 87

Diskussionen und Erörterungen

Dembo,L.I.: Über die Prinzipien des Aufbaus des Rechtssystems. S.88 - 98

Tadevosjan,V.S.(Tadewossjan,W.S.): Einige Fragen des Systems des Sowjetrechts. S.99 - 108

Übersicht über die Gerichts- und Arbitragepraxis

Sergeeva,T.L.(Sergejewa,T.L.): Einige Fragen der Verantwortlichkeit von Amtspersonen. S.109 - 113

Borzova,K.A.(Borsowa,K.A.): Die Arbitragepraxis bei Streitigkeiten,die infolge der Umgehung des Abschlusses oder des nicht rechtzeitigen Abschlusses von Lieferverträgen entstehen.S.114 -119

Mitteilungen

Die Verleihung des Titels Doktor der Rechtswissenschaften an den Präsidenten Indonesiens Sukarno. S.120

Kudrjavcev,P.I.(Kudrjawzew,P.I.): Der VI. Kongress der Internationalen Vereinigung demokratischer Juristen. S.121 - 125

Meljakin,V.K.(Mjeljakin,W.K.): Die Verordnungen über die örtlichen Sowjets müssen mit den Erfordernissen des Lebens in Einklang gebracht werden. S.125 - 127

Wissenschaftliches Leben

Pjatnickij,P.P.(Pjatnizkij,P.P.): Neues in der kollektivwirtschaftlichen Demokratie. S.128 - 131

Stavceva,A.I.;A.F.Trošin (Stawzewa,A.I.;A.F.Troschin): Aus dem Allunionsinstitut für Rechtswissenschaft. S.131 - 134

Aus dem Swerdlowsker Rechtsinstitut "A.J. Wyschinski". S.134

Rezensionen

Pachomov,I.N.(Pachomow,I.N.): S.G.Berezovskaja, Die Aufsicht der Staatsanwaltschaft in der sowjetischen Staatsverwaltung. S.135 - 137

Chodunov,M.E.;G.I.Čirkov (Chodunow,M.E.;G.I.Tschirkow): M.K.Aleksandrov - Dol'nik, Streitigkeiten, die sich aus dem Rechtsverhältnissen der Parteien im Eisenbahngüterverkehr ergeben. S.137 - 141

Koršunova,E.N.(Korschunowa,E.N.): E.Astrachan,S.Karinskij, A.Stavceva, Die Rolle des sowjetischen Arbeitsrechts bei der planmäßigen Bereitstellung von Kadern für die Volkswirtschaft. S.141 - 144

Rechtswissenschaft im Ausland

Berezovskaja,S.G.(Beresowskaja,S.G.): Die Rolle der Wissenschaft in der Entwicklung der allgemeinen Aufsicht des Staatsanwalts in der Volksrepublik Ungarn. S.145 - 146

Mickevič,A.V.(Mizkewitsch,A.V.): Die rumänische juristische Zeitschrift "Justitia noua" S.147 - 151

Bibliographie

Neue juristische Literatur in der UdSSR. S.152 - 154

Die juristische Literatur in den Ländern der Volksdemokratie. Chinesische juristische Literatur (1955) S.154 - 156

Die juristische Literatur in anderen Ländern. Das Staatsrecht (1954-1955) S.156 - 159

E. 9.(23.) VERZEICHNIS DER IN DER BIBLIOTHEK DES DEUTSCHEN INSTITUTS FÜR RECHTSWISSENSCHAFT VORHANDENEN UNVERÖFFENTLICHTEN ÜBERSETZUNGEN 1)

1.Gesetzesmaterialien und Dokumente (auch Verfassungen und Kurzkommentare)

Vorläufige Bestimmungen für die Aufsicht über konterrevolutionäre Elemente. 27.Juni 1952. Vremennye pravnila nadzora nad konterrevoljucionnymi êlementami [dt.] 5 S.
Aus: Konstitucija i osnovnye zakonodatel'nye akty Kitajskoj Narodnoj Respubliki. 1955.
[Betr. China] ÜR 860

Verordnung über die Strafen für Korruption in der Chinesischen Volksrepublik, 18.April 1952. Položenie o nakazanijach za korrupciju v Kitajskoj Narodnoj Respublike [dt.] 8 S.
Aus: Konstitucija i osnovnye zakonodatel'nye akty Kitajskoj Narodnoj Respubliki. 1955. ÜR 854

Vorläufige Verordnung über den Schutz des Staatsgeheimnisses, 1.Juni 1951. Vremennoe položenie ob ochrane gosudarstvennoj tajny [dt.] 8 S.
Aus: Konstitucija i osnovnye zakonodatel'nye akty Kitajskoj Narodnoj Respubliki. 1955.
[Betr. China] ÜR 853

Vorläufige Verordnung über Strafen für die Untergrabung des staatlichen Geldsystems, 19.April 1951. Vremennoe položenie o nakazanijach za podryv gosudarstvennoj denežnoj sistemy [dt.] 4 S.
Aus: Konstitucija i osnovnye zakonodatel'nye akty Kitajskoj Narodnoj Respubliki. 1955.
[Betr. China] ÜR 855

Erlaß des Präsidiums des Obersten Sowjets der UdSSR über den Urlaub und die Arbeitsbedingungen von Jugendlichen. Ukaz prezidiuma verchovnogo soveta "ob otpuskach i uslovijach truda podrostkov [dt.] 1 S.
Aus: Vedomosti Verchovnogo Soveta. 1955/15. ÜR 851

1) Die hier angezeigte Literatur ist gemäß der Benutzungsordnung der Bibliothek des Deutschen Instituts für Rechtswissenschaft für die Mitglieder des Deutschen Instituts für Rechtswissenschaft, Ministerien und zentrale Institutionen der Deutschen Demokratischen Republik und nach der Leihverkehrsordnung der Bibliotheken ausleihfähig.-Verzeichnis 1 - 4 erschien hektographiert, Verzeichnis 5 - 14 ist enthalten im Mitteilungsblatt des Deutschen Instituts für Rechtswissenschaft 1953,Nr.1 - 1955,Nr. 3

Anordnung des Staatlichen Verwaltungsrates über das strenge Verbot von Opium und anderen Narkotika. 24.Februar 1950. Prikoz gosudarstvennogo administrativnogo soveta o strogom zaprescenii opiuma i drugich narkotikov [dt.] 4 S.
Aus: Konstitucija i osnovnye zakonodatel'nye akty Kitajskoj Narodnoj Respubliki. 1955.
[Betr. China] ÜR 861

2.Rechtswissenschaft(Aufgaben und Methoden)

Diskussion im Ausschuß für Rechtswissenschaften der Polnischen Akademie der Wissenschaften über die Lage in der Rechtswissenschaft.Dyskusja w Komitecie Nauk Prawnych Pan poświę cona sytuacji w nauce prawa [dt.] 15 S.
Aus: Państwo i Prawo.1956/8-9 ÜP 440

3.Staats- und Rechtstheorie

Fojtik, J.: Über die Formen des Klassenkampfes in unserer Gesellschaft. O formách třídního boje v naši společnosti [dt.] 15 S.
Aus: Rudé pravo. 1956/279
[Betr. ČSR] ÜT 351

Foustka, R.: Zur Frage des Übergangs vom Kapitalismus zum Sozialismus vom Standpunkt des Staates und des Rechts. K otazce přechodu od kapitalismu k socialismu s hlediska státu a práva [dt.] 46 S.
Aus: Právník. 1956/5.
[Betr. UdSSR] ÜT 355

Knapp,V.: Für ein höheres theoretisches Niveau unserer Rechtswissenschaft. Za vyšši theoretickou úroveň naši právni vědy [dt.] 42 S.
Aus: Právník. 1956/5
[Betr. ČSR] ÜT 349

Łustacz, L.: Um das richtige Ausmaß der rechtsschöpferischen Tätigkeit. O właściwe rozmiary działalności prawotwórczej [dt.] 33 S.
Aus: Państwo i prawo. 1956/2.
Betr. Polen] ÜP 378

Nadel,S.N.: Die Demokratie und die politische Macht der Monopole. Demokratija i političeskaja vlast monopolii [dt.] 7 S.
Aus: Voprosy filosofii. 1956/4. ÜR 849

Peška,P.: Für die Entwicklung des sozialistischen Demokratismus, die Vervollkommnung des Staatsapparates und die Festigung der sozialistischen Gesetzlichkeit. Za rozvoj socialistického demokratismu,zdokonalovanistátniho aparátu a upevňováni socialistické zákonnosti [dt.] 32 S.
Aus: Právnik. 1956/5.
[Betr. UdSSR] ÜT 357

Schmidt,P.: Diskussion über grundsätzliche Fragen der sozialistischen Gesetzlichkeit und der Rechtsanwendung. Vita a szocialista törvényesség és a jogalkalmazás elvi kérdéseiről [dt.] 10 S.
Aus: Állam és igazgatás. 1956/6. ÜUn 195

4.Geschichte der Staats-und Rechtstheorie

Keine Eingänge

5.Staats-und Rechtsgeschichte

Keine Eingänge

6.Völkerrecht und Außenpolitik

Réczei,L.: Das Völkerrechtslehrbuch. A nemzetközi jog tankönyve [dt.] 24 S.
Aus: Jogtudományi közlöny. 1956/3. ÜUn 197

Die Schaffung einer Vereinigung zur Unterstützung der UNO in der UdSSR. Sozdanie v SSSR associacii sodejstvija OON [dt.] 12 S.
Aus: Meždunarodnaja žizn. 1956/6. ÜR 858

7.Staatsrecht

Frankowski,J.: Lernen wir aus den Fehlern, um sie in Zukunft zu vermeiden. Uczmy się na błędach, by nie powtórzyły się w przyszłosci [dt.] 14 S.
Aus: Nowe Prawo. 1956/6.
[Betr. Polen] ÜP 413

Kubicki,L.: Das Gericht und die öffentliche Meinung. Sad a opinia publiczna [dt.] 12 S.
Aus: Prawo i Zycie. 1956/7.
[Betr. Polen] ÜP 430

Spasov,B.: Über das Plenum des Obersten Gerichts und seine Beschlüsse. Po vuprosa za plenuma na vurchovnuja sud i negovite postanovlenija [dt.] 22 S.
Aus: Socialističesko Pravo. 1956/5.
[Betr. Bulgarien] ÜB 152

Stelmachowsky,A.;M.Wawilowa: Zur Frage der Haftung des Staates auf dem Gebiet der sogenannten "Hoheitsakte".W kwestii odpowiedzialnosci panstwa w zakresie tzw. "aktow wladczych" [dt.] 61 S.
Aus: Państwo i prawo.1956/7. ÜP 429

8.Gerichtsverfassung(einschließlich Staatsanwaltschaft, Justizverwaltung,Notariat und Anwaltschaft)

Szumski,S.: Die Bevölkerung fordert eine bessere Arbeit der Gerichte. Społeczeństwo domaga sie lepszej pracy sadów [dt.] 22 S.
Aus: Nowe Prawo. 1956/5
[Betr. Polen] ÜP 421

9.Verwaltungsrecht und Allgemeine Aufsicht des Staatsanwalts

Starościak,J.: Aus der Problematik der Dezentralisierung der Verwaltung. Z problematyki decentralizacji administracji [dt.] 47 S.
Aus: Państwo i Prawo. 1956/7.
[Betr. Polen] ÜP 423

Georgescu,E.: Der Schutz des sozialistischen Eigentums auf verwaltungsrechtlichem Wege. Apărarea proprietătii socialiste prin mijloace de drept administrativ [dt.] 19 S.
Aus: Justitia nouă. 1956/3.
[Betr. Rumänien] ÜRum 61

Hromada, J.: Zur Frage der Festigung der sozialistischen Gesetzlichkeit in der staatlichen Verwaltung. K otázke upevňovanie socialistickej zákonnosti v štátnej správe [dt.] 12 S.
Aus: Právny obzor.1956/7.
[Betr. ČSR] ÜT 361

10.Finanzrecht

Keine Eingänge

11.Strafrecht, Strafprozeß

Fodor,I.: Einige Fragen des Objekts von Verbrechen gegen das gesellschaftliche Vermögen. Aspecte cu privire la obiectul infracţiunilor contra avutului obştesc [dt.] 21 S.
Aus: Justitia nouă. 1956/4.
[Betr. Rumänien] ÜRum 67

Horoszkowski, P.: Die Bezeichnung und der Begriff des "Beweises" in der Theorie und Praxis des Gerichtsrechts. Nazwa i pojecie "dowodu" w teorii i praktyce prawa sadowego [dz.] 54 S.
Aus: Państwo i Prawo. 1956/10.
[Betr. Polen] ÜP 427

Husar,E.: Zu einigen Fragen der sozialistischen Gesetzlichkeit im Strafrecht. K niektorým otázkam socialistickej zákonnosti v trestnom práve [dt.] 18 S.
Aus: Právny obzor.1956/7.
[Betr. ČSR] ÜT 359

Malinowski, Z.: Die sofortige Begründung von Strafurteilen. Natychmiastowe uzasadnianie wyroków w sprawach karnych [dt.]8 S.
Aus: Nowe Prawo. 1956/7-8.
[Betr. Polen] ÜP 436

Nikolaev,V.: Die Überwindung falscher Theorien im Strafrecht - wichtige Voraussetzung der Festigung der sozialistischen Gesetzlichkeit. Preodolenie nepravil'nych teorij v ugolovnom pravevažnoe uslovie ukreplenija socialističeskoj zakonnosti [dt.] 34 S.
Aus: Kommunist. 1956/14. ÜR 856

Sawicki,J.: Die Verantwortlichkeit für die Trunkenheit des Kraftfahrers. Odpowiedzialność za pijaństwo kierowcy [dt.] 15 S.
Aus: Prawo i Zycie. 1956/7.
[Betr. Polen] ÜP 417

Slawiński,T.: Fragen der Jugendlichen im Entwurf des Strafgesetzbuches. Sprawy nieletnich w projekcie k.k. [dt.] 6 S.
Aus: Prawo i Zycie. 1956/7.
[Betr. Polen] ÜP 419

Takov, N.;M.Stefanov: Änderungen in den Tatbeständen von Militärverbrechen. Izmenenija v sŭstavite na voennite prestŭplenija [dt.] 18 S.
Aus: Socialističesko Pravo. 1956/5.
[Betr. Bulgarien] ÜB 158

Wilinkiewicz,J.: Eine unklare Terminologie. Niejasna terminologia [dt.] 2 S.
Aus: Nowe Prawo. 1956/7-8.
[Betr. Polen] ÜP 434

Zabrodzka, H.: Erziehen - nicht aber strafen. Wychowac- a nie karać [dt.] 7 S.
Aus: Nowe Prawo. 1956/9.
[Betr. Polen] ÜP 415

12.Kriminalistik,Gerichtliche Medizin,Gerichtspsychiatrie-,psychologie

Šipkovenski, N.: Das Zwangsheilverfahren für Unzurechnungsfähige. Prinuditelno lekuvane na nevmenjaemite [dt.] 9 S.
Aus: Socialističesko Pravo. 1956/5.
[Betr. Bulgarien] ÜB 154

13.Zivilrecht

Buczkowski,S.: Um die eigentliche Rolle des Zivilrechts in der vergesellschafteten Wirtschaft. O właściwą rolę prawa cywilnego w gospodarce uspołecznionej [dt.] 27 S.
Aus: Państwo i Prawo.1956/8-9
[Betr. Polen] ÜP 438

Černý,M.: Die materielle Verantwortlichkeit im sozialistischen Handel. Hmotná odpovědnost v socialistickém obchodě [dt.] 41 S.
Aus: Socialistická zákonnost. 1956/5.
[Betr. ČSR] ÜT 353

Gabrovski,T.: Luftfahrtrecht der Volksrepublik Bulgarien. Vuzdusnoto pravo na N.R. Bulgarija [dt.] 9 S.
Aus: Socialističesko Pravo. 1956/5. ÜB 156

14.Urheber- und Erfinderrecht

Keine Eingänge

15.Vertragssystem,Vertragsgerichtliches Verfahren

Brădeanu,S.: Die Verantwortlichkeit für die Nichterfüllung von Verpflichtungen,die sich aus Verträgen des Vertragssystems über die Aussaat und über Lieferungen von Vieh und Erzeugnissen der Viehwirtschaft ergeben. Răspunderea pentru neindeplinirea obligatiilor izvorite din contractele de cultură şi din contractările de animale şi produse animale [dt.] 20 S.
Aus: Justiţia nouă. 1956/4.
[Betr.Rumänien] ÜRum 65

16.LPG- Recht, Bodenrecht

Keine Eingänge

17.Familienrecht

Keine Eingänge

18.Zivilprozeß(einschließlich Familienrechtliches Verfahren)

Hilsenrad, A.: Einige Fragen des Ehescheidungsprozesses. Din problemele procesului de divort [dt.] 33 S.
Aus: Justitia nouă. 1956/3.
[Betr. Rumänien] ÜRum 63

Wengerek,E.: Die Stellung des Justitiars im Zivilprozeß. Stanowisko radcy prawnego w procesie cywilnym [dt.] 29 S.
Aus: Nowe Prawo. 1956/7-8.
[Betr. Polen] ÜP 425

19.Arbeitsrecht und Arbeitsrechtliches Verfahren

Hromada,J.: Ein Beitrag zum Problem des Begriffes "Recht auf Arbeit" in unserer Rechtsordnung. Príspevok k problematike pojmu práva na prácu v našom právnom poriadku [dt.] 18 S.
Aus: Právny obzor. 1956/6.
[Betr. ČSR] ÜS 91

20.Internationales Privatrecht

Keine Eingänge

21.Sonstiges

Bernhaut, B.: Referatssprache. Językiem referatowym [dt.] 5 S.
Aus: Nowe Prawo. 1956/7-8.
[Betr. Polen] ÜP 432

ALPHABETISCHES SACHGRUPPENVERZEICHNIS

GERHARD LEHMANN

Kants Besitzlehre

Abhandlungen der Deutschen Akademie der Wissenschaften zu Berlin, Klasse für Philosophie, Geschichte, Staats-, Rechts- und Wirtschaftswissenschaften, Jahrgang 1956, Heft 1

1956 — 18 Seiten — 4° — DM 2,30

Die Lehre vom Besitz (Sachenrecht) entwickelt Kant in der Rechtslehre, dem ersten Teil der Metaphysik der Sitten (1797). Der Text ist schwer verständlich geschrieben. In der jetzt erschienenen Arbeit wird daher versucht, zur Erläuterung die Ende vorigen Jahres in Band XXIII der Akademieausgabe von Kants Werken erschienenen Vorarbeiten zur Rechtslehre heranzuziehen. Der Verfasser geht dabei besonders auf Kants Idee des ursprünglichen Gesamtbesitzes ein. Er stellt, auf dem Wege über das Problem der Anwendung (Realisierung), Beziehungen zwischen der Metaphysik der Sitten und dem eigentlichen Nachlaßwerk Kants (opus postumum) fest, die in der Literatur bis jetzt nicht behandelt sind.

Bestellungen durch eine Buchhandlung erbeten

A K A D E M I E - V E R L A G · B E R L I N

FSC
www.fsc.org
MIX
Papier | Fördert
gute Waldnutzung
FSC® C083411

Kolibri 360 GmbH
Ferdinand-Jühlke-Straße 7
99095 Erfurt, Deutschland
produktsicherheit@kolibri360.de